시장의 패닉에 절대 즉각적으로 행동하지 마라.
팔아야 할 시점은 시장이 추락하기 이전이니, 추락한 다음이 아니다.
오히려 숨을 한번 깊게 들이쉬고 조용히 자신의 포트폴리오를 분석해보라.

존 템플턴

모든 사람들이 탐욕을 부릴 때 두려워하고,
두려워할 때는 탐욕을 부려라.

워렌 버핏

최고의 수익률을 꿈꾸는

_____ 님께

이 책을 드립니다.

추가 하락이 두려워 좋은 가격의 기업을 포기한다면
장기적으로 아주 큰 대가를 치를 것이다.
피터 린치

주가 폭등
20가지 급소

주가
폭등
20가지 급소

펴낸날 2021년 1월 20일 1판 1쇄

지은이 김병철
펴낸이 강유균
편집위원 이라야, 남은영
기획·홍보 김아름
교정·교열 이교숙
경영지원 이안순
디자인 바이텍스트
마케팅 신용천

펴낸곳 리드리드출판(주)
출판등록 1978년 5월 15일(제 13-19호)
주소 경기도 고양시 일산서구 고양대로632번길 60, 207호(일산동, 대우이안)
전화 (02)719-1424
팩스 (02)719-1404
이메일 gangibook@naver.com
홈페이지 www.readlead.kr
포스트 https://post.naver.com/gangibook

ISBN 978-89-7277-346-7   (03320)

이 도서의 국립중앙도서관 출판예정도서목록(CIP)은 서지정보유통지원시스템 홈페이지(http://seoji.nl.go.kr)
와 국가자료공동목록시스템(http://www.nl.go.kr/kolisnet)에서
이용하실 수 있습니다.(CIP제어번호 : CIP2020053845)

아무도 알려주지 않은 주가 상승의 시그널

김병철 지음

주가 폭등

기본편

20가지 급소

  주가는 아무 때나 오르지 않는다.
주가 상승과 폭등, 그 이유의 모든 것!

리드리드출판

contents

차례

주식,
급소를 파악하라

주식투자를 해본 사람이라면 공통으로 느끼는 현상이 있다.

"내가 사면 떨어지고 내가 팔면 오른다!"
왜 이런 현상이 나타나는 것일까?
운이 없게 태어나서? 분명히 그것은 아니다!

몇 가지 원인이 있겠으나 이 책에서는 가장 큰 원인 한 가지를
말하고자 한다. 바로 '주가 상승의 이유'이다. 즉, 어느 때 주가가
상승하는지에 대한 고찰이다. 주가는 아무 때나, 아무런 이유 없
이 오르지 않는다. 오르는 데는 반드시 이유가 있다. 물론 어떤
세력의 주가 조작에 의한 상승을 제외한다면 말이다.

주변을 돌아보면 너무 안타깝다. 주식투자에 실패해 세상을

원망하고 사회를 탓하고 자신을 비관한다. 그런 이들을 보면 도와주고 싶었다. 주식의 기본 몇 가지를 알면 불운을 행운으로 바꿀 수 있다. 숨어있는 급소를 공략하면 된다.

주식은 살아 움직이는 유기체이다. '기업가치'와 '군중심리'라는 원동력으로 움직인다. 그래서 주가의 움직임은 변화무쌍하고 예측 불가이다. 하지만 변화무쌍한 움직임 속에 공통분모 20개가 존재한다. 그 공통분모가 '급소'다.

이 책에서는 급소 20개를 네 개씩 구분하고, 급소의 앞글자를 따서 사자성어처럼 기억하고 외우기 쉽게 구성했다. 미리 밝혀두지만 급소의 경중에 따른 구분은 아니다. 읊조리듯 자연스럽게 익혀 주식시장에서 유용하게 활용할 수 있도록 유도한 것이다.

제1장 흑인대리(흑자전환, 인물, 대체효과, 리스크), 제2장 상투인지(상장폐지 모면, 투자유치, 인적분할, 지분가치), 제3장 지인반기(지배구조, 인수합병, 반사이익, 기술개발), 제4장 구정수경(구조조정, 정부 정책, 수주, 경영권 분쟁), 제5장 대주실신(대박 상품, 주주 친화 정책, 실적개선, 신사업 진출)이다.

더불어 급소마다 이해를 돕기 위해 '폭발력 지수'를 표시했다. 레벨 1부터 레벨 10까지 총 10단계로 이루어져 있는데, 주가 상승의 탄력도를 말한다. 레벨의 숫자가 클수록 주가 탄력이 강하다는 의미다. 그러므로 레벨 1보다 레벨 5의 주가가 더 큰 폭으로 오른다.

급소 20개 중 어느 한 가지라도 해당하면 주가는 오른다. 따라서 20가지 급소는 반드시 암기해두기를 바란다. 아울러 이를 통해 주식의 기본 감각도 익히자.

단, 꼭 기억하자. 20가지 급소는 철저하게 단기 트레이딩, 단기 매매라는 관점에서 만들어졌다는 사실이다. 가치 투자 및 장기 투자와는 아무 상관이 없다. 이 점을 혼동하지 말자.

아울러 최대한 빠른 이해를 돕기 위해 최대한 쉽게 설명하려 노력했다. 다양한 실전 예제를 곁들였고 필요한 경우 간단한 연습문제도 첨부했다. 무엇보다 20가지 급소를 빠른 시간에 암기할 수 있도록 암기법도 제시했다.

나는 지난 수년간 주식투자로 힘들어하는 수많은 사람을 보면서 그들을 따뜻하게 보듬어주고 싶었다. 힘들어 주저앉으려는 그들을 일으켜 세워 함께 걷고, 때로는 내 등에 업고 뛰기도 하면서 여기까지 왔다. 주식과 투자자의 문제점들을 객관적으로 보고 조력자이자 파트너가 되어 수익을 창출해냈다. '수익'을 내는 데 초점을 맞추고 성실하게 급소를 공략했다. 그 비결과 노하우를 공유하고자 이 책을 낸다.

이 책은 술자리에서나 각종 주식투자 관련 방송 및 서적들에서 내뱉는 무책임하고 근거 없는 말과 뜬구름 잡기식 제시로 가득한 글이 아니다. 주식을 정확히 알고 투자의 의미를 깨닫고 스스로가 변할 수 있는 진정으로 가치 있는 조언이다.

나는 이 책이 '주식시장'이라는 망망대해에서 헤매는 투자자에게 길을 안내하는 등대가 되리라고 확신한다.

깨달아라! 깨닫고 또 깨달아라!
주식투자의 20가지 급소를 파악하라!
기본이자 핵심이다. 반드시 기억하라!

김병철

주식투자에 뛰어들려면 기꺼이 위험을 감수하겠다는
정신적 준비운동이 필요하다. 확실한 수익을 보장해주는
주식시장은 세상 어느 곳에도 없다.

코스톨라니

제 1 장

흑인대리

기업이 흑자를 내느냐 적자를 내느냐에 따라 주가의 변동이 크다. 회사에 어떤 인물이 들어오고 나가느냐, 누가 투자를 했느냐, 누가 관심을 가지고 접근하느냐를 면밀히 지켜봐야 한다. 또한, 시의성 있는 이슈가 나라와 사회에 혼란을 일으킬 때 무엇이 그 자리를 대체할 수 있을까 생각하고 거기에 투자하라. 리스크가 제거되면 크게 오른다는 사실도 꼭 기억하기 바란다. 위험의 정도를 타진하고 반등을 노려라.

흑자전환

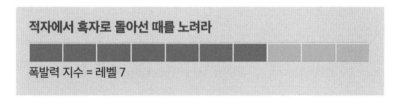

적자에서 흑자로 돌아선 때를 노려라

폭발력 지수 = 레벨 7

기본정석

기업이 영업활동을 통해 남긴 이익은 적자일 수도 있고 흑자일 수도 있다.

흑자전환이란, 말 그대로 적자에서 흑자로 바뀌는 것을 말한다. A 기업이 1분기와 2분기 계속 영업이익 적자를 내다가 3분기에 흑자를 낸 경우가 이에 해당한다. 이때 주가는 당연히 오를 수밖에 없다. 다만 전 분기와 비교해 흑자전환 했을 때보다 전년도 동기와 비교해 흑자전환 했을 때 주가의 상승폭이 더 크다.

그렇다면 이 기업이 적자를 냈는지 흑자를 냈는지 어떻게 알 수 있을까?

기업의 실적 확인은 네이버에서 '전자공시'를 검색하면 '금융감독원 전자공시 시스템(dart.fss.or.kr)'이 나타나는데 이곳에 접속하여 확인할 수 있다.

[Note]

상장사는 12월 결산법인, 6월 결산법인이 있다.

12월 결산법인의 1 회계 기간 = 1월 1일~그해 12월 31일

6월 결산법인의 1 회계 기간 = 7월 1일~다음 해 6월 30일

분기별 실적발표 시기는 다음과 같다.

1분기 실적

4월 15일 ~ 4월 30일 = 대형주

5월 1일 ~ 5월 15일 = 중·소형주

2분기 실적

7월 15일 ~ 7월 30일 = 대형주

8월 1일 ~ 8월 15일 = 중·소형주

3분기 실적

10월 15일 ~ 10월 30일 = 대형주

11월 1일 ~ 11월 15일 = 중·소형주

4분기 실적

다음 해 1월 15일 ~ 1월 30일 = 대형주

다음 해 2월 1일 ~ 2월 15일 = 중·소형주

[Advice]

주가는 선반영된다는데, 이번 분기 혹은 다음 분기 실적이 흑자로 전환될 것이라는 사실을 미리 아는 방법은 없을까?

물론 실적이 흑자전환으로 발표된 직후에도 주가는 오르기도 한다. 그러나 개인 투자자가 기업 실적발표 전에 정확하게 예측하는 것은 거의 불가능에 가깝다. 하지만 어느 정도는 예측해볼 수는 있다.

대표적인 방법은 애널리스트가 내는 보고서(물론 가끔 틀릴 때가

4분기 실적 기대주 미리 찜해놓을까

11일 금융정보업체 에프앤가이드에 따르면 올 4분기 실적 추정치가 있는 유가증권 시장 상장사 167곳의 영업이익 컨센서스는 47조 2,991억 원이다.

(중략)

전년 동기 대비 흑자전환에 성공할 것으로 예상되는 OCI는 3개월 전에 비해 영업이익 추정치가 63.3%로 크게 상향 조정됐다.

출처: 한국경제신문, 2017. 12. 12

[도표 1-1] OCI의 2017년 4분기 실적 공시 내용

DART

OCI

본문 2018.02.06 연결재무제표기준영업(잠정)실적(공정공시 ✓
첨부 +첨부선택+ ✓

연결재무제표 기준 영업(잠정)실적(공정공시)

※ 동 정보는 잠정치로서 향후 확정치와는 다를 수 있음.

1. 연결실적내용

단위 : 백만원, %

구분		당기실적 (Q4 '17)	전기실적 (Q3 '17)	전기대비증감율(%)	전년동기실적 (Q4 '16)	전년동기대비증감율(%)
매출액	당해실적	852,522	941,908	-9.5	649,776	31.2
	누계실적	3,631,633	2,779,111	-	2,736,686	32.7
영업이익	당해실적	102,238	79,448	28.7	2,716	3,664.3
	누계실적	284,492	182,254	-	132,509	114.7
법인세비용차감전계속사업이익	당해실적	82,799	60,335	37.2	-83,557	흑자전환
	누계실적	279,698	196,899	-	-103,499	흑자전환
당기순이익	당해실적	65,425	41,922	56.1	-52,357	흑자전환
	누계실적	232,875	167,450	-	219,408	6.1
지배기업 소유주지분 순이익	당해실적	68,879	42,307	62.8	-50,254	흑자전환
	누계실적	235,135	166,256	-	242,107	-2.9
-		-	-	-	-	-

2. 정보제공내역	정보제공자	경영기획팀
	정보제공대상자	기관투자자, 애널리스트, 언론기관 등
	정보제공(예정)일시	공정공시 후 수시제공
	행사명(장소)	기업설명회(IR) (신한 Way홀, 여의도 신한금융투자 지하2층)
3. 연락처(관련부서/전화번호)		경영기획팀(02-727-9376)

4. 기타 투자판단과 관련한 중요사항

- 상기 실적은 자체결산 자료이므로, 향후 외부감사인의 감사결과에 따라 변동될 수 있습니다.

- 상기 실적과 관련된 자료는 2월 6일(화) 오후 당사 홈페이지에 게시할 예정입니다.

국문: (www.oci.co.kr)
영문: (www.oci.co.kr/eng)

※ 관련공시	2018-01-29 기업설명회(IR) 개최(안내공시)

출처: 금융감독원 전자공시 시스템

[도표 1-2] OCI 실적 공시 기사가 난 날부터 실적 발표일까지의 주가 움직임 차트

출처: 네이버 금융

있지만)나 경제신문에 난 실적 관련 기사를 참고하는 것이다.

　가장 이상적인 것은 실적을 미리 예측해 매수에 들어가는 것이다. 하지만 앞서 말한 대로 이는 개인 투자자에게 쉬운 일이 아니다. 차라리 [도표 1-1]에서 보는 것처럼 흑자전환 공시가 난 날에 매수하는 방법이 차선책이다. 비교적 늦은 감이 있지만 [도표 1-2]에서 보는 것처럼 공시 이후에도 주가가 상승하는 경우가 꽤 있다.

OCI의 공시 이후 주가상승률은 약 25% 정도였다. 다만 공시일 이후 주가 상승 기간은 평균 3일이라는 점을 꼭 기억하자.

100% 정확하다고 말할 수 없지만, 다음 경우도 흑자전환(실적개선 포함)을 예상할 수 있는 신호Signal이다.

흑자전환을 예상할 수 있는 Signal(신호)들

1. CEO가 자신이 보유 중인 자기회사 주식을 갑자기 2배 이상으로 늘리는 경우
2. 사업 부문별 각자 대표 체제였던 기업이 갑자기 모든 사업 부문을 총괄하는 부회장직을 만드는 경우
3. 공장 가동률이 갑자기 증가하는 경우
4. 전년 동기에 대형악재 발생으로 그해 영업이익 적자가 발생한 경우
5. 재무구조를 개선(적자사업 정리 등)하는 경우

【예시 1】삼성SDI

2016년 가을 삼성전자가 출시한 스마트폰 갤럭시 노트 7에 대형악재가 터졌다. 국내는 물론 해외에서도 발생한 배터리 발화 사태였다. 결국, 삼성전자는 출시 두 달 만에 갤럭시 노트 7을 단종시켰다. 문제가 된 배터리는 삼성SDI가 만든 것이었다.

이로 인해 삼성SDI의 주가는 하락세를 면치 못했고 3분기 실적

[도표 1-3] 삼성SDI 2017년도 3분기 실적 공시

출처: 금융감독원 전자공시 시스템

또한 대규모 영업이익 적자가 발생했다. 그로부터 1년 후인 2017년 10월 31일에 발표된 3분기 실적은 [도표 1-3]에서 보는 것처럼 흑자로 돌아섰다. 이에 따라 실적발표 후 이틀간 주가는 [도표 1-4]에서 보는 것처럼 약 10% 상승했다. 이 경우는 Signal4에 해당한다고 볼 수 있다.

[도표 1-4] 삼성SDI 2017년도 3분기 실적 공시 내용

DART | **삼성SDI**

본문 [2017.10.31 연결재무제표기준영업(잠정)실적(공정공시 ∨]
첨부 [+첨부선택+ ∨]

연결재무제표 기준 영업(잠정)실적(공정공시)

※ 동 정보는 잠정치로서 향후 확정치와는 다를 수 있음.

1. 연결실적내용　　　　　　　　　　　　　　　　　　　　　단위 : 백만원, %

구분		당기실적 ('17.3Q)	전기실적 ('17.2Q)	전기대비증감율(%)	전년동기실적 ('16.3Q)	전년동기대비증감율(%)
매출액	당해실적	1,708,005	1,454,311	17.44%	1,289,990	32.40%
	누계실적	4,467,095	2,759,090	-	3,897,937	14.60%
영업이익	당해실적	60,157	5,464	1,000.97%	-110,389	흑자전환
	누계실적	-1,703	-61,860	-	-868,313	99.80%
법인세비용차감전계속사업이익	당해실적	174,866	231,558	-24.48%	-4,889	흑자전환
	누계실적	490,831	315,965	-	-920,281	흑자전환
당기순이익	당해실적	134,953	186,593	-27.68%	-35,166	흑자전환
	누계실적	403,200	268,247	-	203,411	98.22%
지배기업 소유주지분 순이익	당해실적	145,733	193,087	-24.52%	-34,121	흑자전환
	누계실적	419,668	273,935	-	211,896	98.05%
-		-	-	-	-	-

2. 정보제공내역	정보제공자	재경그룹 IR
	정보제공대상자	기관투자가 및 애널리스트 등
	정보제공(예정)일시	2017년 10월 31일 공정공시 이후
	행사명(장소)	2017년 3분기 삼성SDI 경영실적 설명회 - Conference Call
3. 연락처(관련부서/전화번호)		IR (02-2255-2660)

4. 기타 투자판단과 관련한 중요사항

1. 상기 실적은 한국채택국제회계기준에 따라 작성된 연결기준의 잠정 영업 실적임.

2. 본 자료는 외부감사인의 회계감사가 완료되지 않은 상태이므로 내용중 일부는 회계감사과정에서 달라질 수 있음.

3. 2016년 실적은 2016년 2월 1일 물적 분할된 케미칼 사업부문을 중단사업으로 구분 표시하였음.

※ 관련공시	2017-10-17 결산실적공시 예고(안내공시)
	2017-10-17 기업설명회(IR) 개최(안내공시)

출처: 금융감독원 전자공시 시스템

【예시 2】 갑을메탈(현 KBI메탈)

갑을메탈은 자동차 부품 및 구리선 등을 제작하는 기업이다. 이 기업의 주가는 2016년 6월 중순부터 6거래일 동안 그리고 2017년 10월 24일 하루 동안 각각 100%, 30% 상승했다. 상승 요인은 모두

[도표 1-5] 갑을메탈의 2017년 3분기 실적

| DART◑ | | 본문 2017.10.24 영업(잠정)실적(공정공시) | | | | |
| KBI메탈 | | 첨부 +첨부선택+ | | | | 出 다 |

영업(잠정)실적(공정공시)

※ 당해 정보는 확정치가 아닌 잠정치로 결산 결과 등에 따라 변경될 수 있음.

1. 실적내용

구분 (단위:백만원, %)		당기실적 (2017.7.1~ 2017.9.30) (2017.3Q)	전기실적 (2017.04.1~2017.06.30) (2017.2Q)	전기대비증 감액(증감 율)	전년동기실 적 (2016.07.1~2016.09.30) (2016.3Q)	전년동기대 비증감액(증 감율)
매출액	당해실적	125,486	111,898	13,588 (12.1%)	86,127	39,359 (45.7%)
	누계실적	345,124	-	-	261,428	83,696 (32.0%)
영업이익	당해실적	7,819	2,476	5,343 (215.8%)	-356	흑자전환
	누계실적	14,057	-	-	2,454	11,603 (472.8%)
법인세비용차감 전계속사업이익	당해실적	3,546	525	3,021 (575.4%)	-651	흑자전환
	누계실적	5,973	-	-	1,051	4,922 (468.3%)
당기순이익	당해실적	3,546	1,200	2,346 (195.5%)	-651	흑자전환
	누계실적	6,648	-	-	1,954	4,694 (240.2%)
-		-	-	-	-	-

2. 정보제공내역	정보제공자	갑을메탈(주) 경영지원팀
	정보제공대상자	국내외 기관투자자 및 개인투자자, 애널리스트, 언론사 등
	정보제공(예정)일시	공정공시 이후 수시 제공
	행사명(장소)	-
3. 연락처	공시책임자명(전화번호)	김재홍 이사(02-311-0410)
	공시담당자명(전화번호)	윤성현 대리(02-311-0425)
	관련부서명(전화번호)	경영지원팀(02-311-0425)

1. 상기 실적은 한국채택국제회계기준(K-IFRS)에 따라 작성된 별도 기준 영업(잠정)실적입니다.

출처: 금융감독원 전자공시 시스템

[도표 1-6] 갑을메탈 실적발표일 주가 움직임

출처: 금융감독원 전자공시 시스템

[도표 1-5]에서 보는 것처럼 흑자전환이었다. 특히, 2017년 10월 24일의 경우 3분기 실적이 전년 동기대비 흑자전환으로 발표되면서 [도표 1-6]에서 보는 것처럼 이날 상한가를 기록했다.

인물

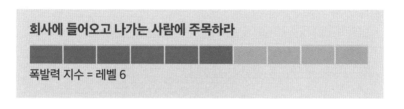

회사에 들어오고 나가는 사람에 주목하라

폭발력 지수 = 레벨 6

기본정석

첫 번째는 인물이 들어오는 즉, 인물을 영입하는 경우다.

여기서 말하는 인물은 경영자일 수도 있고 연예인일 수도 있다. 그냥 유명인일 수도 있다(유능한 경영자를 CEO로 영입했다거나 인맥이 화려한 유명인을 사외이사로 영입하는 등등). 핵심은 영입한 인물이 주가에 미치는 파급력의 정도이다.

특히 엔터테인먼트 업종(연예기획사)의 경우가 그렇다. 예를 들어 한창 뜨고 있는 걸그룹이나 배우가 소속사를 옮겼다고 가정해

보자. 기존 소속사의 주가는 곤두박질치고 옮긴 소속사의 주가는 상승한다. 그 연예인이 올리는 매출의 규모가 크면 클수록 더하다. 따라서 엔터테인먼트 업종의 경우는 항상 소속 연예인 관련 기사에 민감해야 한다. 이제 연예인하면 무조건 떠올려라! 소속사가 어디지?

두 번째는 인물이 나가는 경우다.

기업 실적에 악영향을 미치는 인물(CEO, 이사 등)이 사임하고 회사를 떠나는 경우는 그동안 악재로 작용하던 인물이 사라짐으로써 주가에 탄력이 붙는다.

세 번째는 인물이 투자하는 경우다.

연예인, 정치인 등 유명인사나 빌 게이츠 같은 글로벌 기업 대표 혹은 워렌 버핏 같은 유명한 투자가가 어떤 기업에 투자하는 경우인데 이들은 정보의 접근성에서 우월적 지위에 놓여 있다는 공통점이 있다.

대중은 이들의 우월적 지위에 대한 막연한 믿음(일종의 맹신)을 갖고 있고 마치 불나방이 불 속으로 뛰어들 듯이 그렇게 뛰어든다. 쏠림이 만들어낸 강력한 에너지는 주가를 밀어 올린다.

【예시 1】인물 영입

오리콤이라는 두산그룹 계열의 광고 대행사가 있다. 잠잠하던 주가는 [도표 2-1]에서 보는 것처럼 2014년 10월에 접어들자 급등을 하기 시작했다. 급등의 원인은 박용만 회장의 장남 박서원 씨를 오리콤의 크리에이티브 총괄 책임자로 영입한 것 때문이었다.

[도표 2-1] 4거래일간 오리콤 주가 움직임, 주가 상승률 약 72%

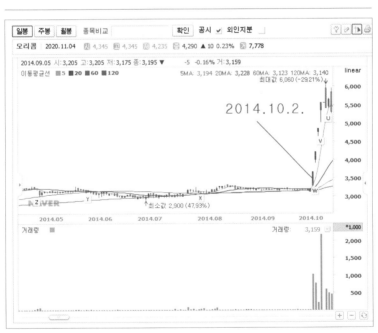

출처: 네이버 금융

오리콤이 박용만 회장의 장남 박서원 씨를 영입한 효과로 4거래일째 급등하고 있다. 오리콤은 8일 오전 10시 22분 현재 전 거래일 대비 450원 (9.09%) 상승한 5,280원을 기록하고 있다. 오리콤은 직전 3거래일 연속 상한가를 기록했으며 이날도 급등해 장중 5,560원을 찍기도 했다.

업계에 따르면 박서원 빅앤트 대표는 지난 1일 자로 오리콤 부사장급인 크리에이티브 총괄 책임자^{coo}에 임명됐다. 박 대표는 향후 오리콤의 모든 광고 캠페인을 총괄할 예정이다. 박 대표는 자신이 창업한 광고회사 빅앤트 대표를 맡고 있었는데 올해 초 이 회사가 두산 계열사로 편입되면서 사실상 두산그룹에서 일해왔다. 그는 대표직은 유지하지만 앞으로 빅앤트에서 광고사업은 하지 않고 브랜딩 등 디자인 특화 사업과 아이디어 콘텐츠 사업을 위주로 비非 광고사업에 주력할 예정이다.

시장에서는 박 대표의 이번 오리콤 경영 합류가 두산의 4세 경영이 본격화된 것으로, 오리콤의 실적 부진을 만회하는 중요한 역할을 해줄 것으로 기대하고 있다.

박 대표가 몸담고 있는 빅앤트 인터내셔널은 지난 2006년 대학생 5명이 창업해 국제 광고제를 휩쓸며 유명세를 탔다. 설립 3년 만에 한국인 최초로 국제 5대 광고제인 칸 국제 광고제, 뉴욕 페스티벌, 클리오 광고제, D&DA, 뉴욕 원쇼를 석권한 것이다.

출처: 매경닷컴, 2014. 10. 8

【예시 2】인물 사직

2017년 6월 12일, 16년간 GE^{General Electric}를 이끌었던 제프리 이멜트 회장이 사임을 발표했다. 그러자 GE 주가는 3.6% 급등한 28.94달러를 기록했다.

2001년 취임한 이멜트 회장은 2015년에 사업 포트폴리오를 재편했다. 전체 이익의 50%를 차지하던 금융부문을 매각하고 2016년에 석유 사업 확대를 위해 유전서비스 업체 베이커 휴즈를 인수했다. 그러나 원유 시장의 침체기를 만나며 실적에도 그림자가 드리워졌다. 이멜트 회장 취임 후 GE의 주가는 30% 하락했다. 이를 놓칠 리 없는 헤지펀드 트라이언 파트너스가 경영 참여를 요구하며 GE를 공격하였다.

【예시 3】인물 투자

디지털 방송 장비를 만드는 비덴트라는 기업이 있다. 이 기업은 2016년도 재무제표 관련 외부감사 결과 '한정' 의견을 받는 바람에 상장폐지 사유가 발생하여 거래정지되었다. 이후 재감사에 따라 재무제표를 수정하면서 감사의견 '적정'을 받아냈다. 상장폐지 사유가 소멸하여 2017년 8월 31일 거래가 재개되었다.

[도표 2-2]에서 보는 것처럼 비덴트 주가는 거래재개일로부터 3거래일간 40% 급등했다. 급등요인은 상장폐지 모면(리스크 해

출처: 네이버 금융

소)을 비롯한 몇 가지가 있는데 그중 하나가 바로 인물 관련된 것
이다.

8월 31일 거래재개일 장이 시작되기 전, 전환사채를 발행한다는
공시가 났다.

전환사채를 발행한다는 것은 쉽게 말해 돈을 빌린다는 것이다.
주식의 성격도 겸하고 있는 사채이다. 전환사채를 산 사람은 만기 때까지 보유하여 원금과 이자를 받든지 아니면 미리 약속한 기간에 약속한 가격으로 주식으로 전환하여 보유할 수 있다. 주식으로 전환을 하면 전환사채 보유자는 채권자에서 주주로 신분이 바뀐다.

그래서 일반적으로 전환사채를 발행하면 주주에게는 악재이다. 만약 전환사채를 매입한 사람이 나중에 주식으로 전환하면 그만큼 주식의 양은 늘어나 각 주식 1주당 이익(주당 순이익 : EPS)은 줄어들기 때문이다.

그런데 주가는 급등했다. 이상하지 않은가? 여기서 바로 2명의 인물이 등장한다. 국내 대표 배우 정우성 씨와 이정재 씨가 10억 원씩 비덴트가 발행한 전환사채에 투자한 것이다. 이를 본 투자자들은 '아무래도 일반인 신분인 우리보다 정보가 훨씬 빠른 사람들인데 거기에 투자했다면 분명 뭔가가 있다는 얘기가 아닐까?'라고 생각했다.

때마침 불어 닥친 비트코인 광풍도 한몫했다. 이 회사가 가상화폐 거래소인 빗썸을 운영하는 비티씨코리아닷컴의 지분 11.11%를 보유하고 있었기 때문이다. 비트코인 열풍으로 가상화폐 거래량이 급격히 증가하며 비덴트가 소유 중인 비티씨코리아닷컴 지분의 가치가 급격히 상승한 것이다.

대체효과

대체재를 찾아라

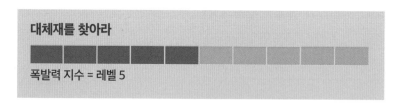

폭발력 지수 = 레벨 5

기본정석

대체재란 재화 중에서 같은 효용을 얻을 수 있는 재화를 말한다. 예를 들어 1리터에 1,000원 하던 우유가 어느 날 2,000원이 되었다고 가정해보자. 우유를 먹고는 싶은데 가격이 너무 부담스럽다. 어떻게 할까?

우유를 포기하는 대신 우유와 최대한 비슷한 만족감을 얻을 수 있는 두유를 먹는다. 그래서 두유 판매량이 증가한다. 즉, 욕망을 완전히 포기하는 대신 대체재를 취해 타협하는 것이다.

【예시 1】 조류독감^{AI}

2014년 1월, 조류독감이 발생하자 소비자는 공포감에 닭고기를 멀리했다. 정부에서는 어마어마한 숫자의 닭을 살처분했지만, 닭고기에 대한 소비자 불안감은 더욱 커져만 갔다. 반면 증시에서는 어묵을 생산하는 신라에스지와 대표적 수산주인 동원수산이 이틀 연속 상한가를 기록했다. 왜일까?

닭고기와 생선을 대체관계로 본 것이다. 닭고기 대신 생선을 많이 먹을 것이라는 기대감이 주가에 반영되었다.

【Note】

조류독감은 보통 3~4년 주기로 발생하는 실정이다. 조류독감 관련 수익전략을 다음 3가지로 제시한다.

전략 1 : 무조건 최대의 수익을 올리고 싶다면 파루와 제일바이오를 매수한다.

전략 2 : 대체재라는 관점에서 본다면 신라에스지와 동원수산을 매수한다.

전략 3 : 중기적(3~4개월 후) 관점이나 역발상 관점으로 본다면 이지바이오와 동우를 매수한다.

왜일까? 조류독감을 일으키는 바이러스는 변종인 경우가 많다. 그래서 조류독감이 발생하면 백신을 맞히기도 하지만 대부분 살처분한다. 이는 공급의 감소를 의미한다. 가격 결정의 기본 요소는 수요와 공급의 법칙이다. 공급이 줄면 당연히 가격은 오른다. 지금 당장이야 공포감 때문에 닭고기 수요가 감소하지만 시간이 흘러 진정되면 수요는 다시 증가하게 마련이다.

그때가 되면 수요 증가와 공급 감소로 인해 닭고기 가격은 치솟고 이는 곧 닭고기 판매 업체의 수익 증가로 이어진다.

【연습문제】

1. 다음 중 대체관계로 볼 수 없는 것은?

① 버터와 마가린

② 배추와 얼갈이무

③ 돼지고기와 닭고기

④ 치킨과 맥주

▶정답 : ④

▶해설

대체관계는 A라는 재화의 가격이 오르면 B라는 대체재의 수요가 증가하는 관계이다. 앞서 말한 우유와 두유의 관계이다. 이에 반

해 보완관계는 A라는 재화의 가격이 오르면 B라는 보완재의 수요
가 감소하는 관계이다. 즉, 대체관계는 서로 경쟁관계이고 보완관
계는 공동운명체 관계이다.

치킨과 맥주는 치맥이라는 말이 있듯 보통 함께 소비된다. 치킨
가격이 오르면 치킨 판매량이 감소하고 이에 따라 맥주 판매량도
감소한다. 따라서 맥주는 치킨의 보완재인 것이다.

리스크 해소

리스크가 사라지면 크게 오른다

폭발력 지수 = 레벨 9

기본정석

주가를 짓누르던 리스크가 제거되는 것이다. 소송, 오너의 구속, 부당한 계열사 지원 등 어떤 것이든 주가에 강력한 악영향을 미칠 수 있는 사안은 모두 리스크로 본다. 쉽게 말해 기업의 악재이다.

리스크가 해소되었다는 것은 악재가 사라졌음을 의미한다. 이는 주가를 끌어올리는 강력한 요인이다.

【Note】

세상에 영원한 것은 없다. 어떤 리스크도 영원하지 못하다. 단지 리스크 성격에 따라 그것이 제거되는데 시간이 많이 필요한지 적게 필요한지만 있을 뿐이다.

다음과 같은 경우를 가정해보자! 지금은 어떤 리스크가 주가를 짓누르고 있지만, 시간이 지나 리스크가 사라진다면 주가의 움직임은 어떻게 될까? 아마도 기다렸다는 듯이 튀어 오를 것이다. 마치 그동안의 한을 풀듯이 말이다.

주가는 탐욕의 결집체다. 그 안에 강력한 에너지장이 존재한다. 이 에너지장은 시장 참여자들로부터 끊임없이 에너지를 빨아들인다. 리스크에 억눌려 응축되어 있던 이 에너지는 리스크가 사라지는 순간 어마어마한 힘으로 분출된다. 대박은 위기에서 나온다. 그러므로 위기는 '위험한 기회'다!

리스크 유형 1 : 소송

기업이 소송을 당한 경우다. 피고소인의 입장이 된 경우로 관건은 '소송금액'이다.

소송금액이 자기자본의 50%가 넘어가면 강력한 리스크가 된다. 반면 자기자본 대비 소송액이 작을수록 리스크가 될 확률은 떨어진다.

따라서 소송금액이 자기자본 대비 몇 퍼센트인지를 따져봐야 한다.

이해를 돕기 위해 아래 사례를 보자.

코오롱인더스트리라는 기업이 있다. 여기서 생산하는 아라미드 섬유와 관련해 미국 듀폰이 영업비밀을 침해당했다며 미국 법원에 소송을 제기했다. 소송금액은 1조였고 당시 코오롱인더스트리의 자기자본은 약 1조 9,000억이었다. 자기자본의 절반 이상을 물어 줘야 할 판이었다. 큰 타격을 받을 수 있는 상황이었다.

코오롱인더스트리는 이미 1심에서 패소했다. 1심 판사는 배상금 9억 1,990만 달러와 징벌적 손해배상금 35만 달러를 지급하고 향후 20년간 아라미드에 대한 생산, 판매, 유통 등의 행위를 금지한다는 판결을 내렸다.

이에 코오롱인더스트리는 불복하고 항소했다. 소송 리스크가 주가의 발목을 잡고 있던 상태였다. 2014년 4월 4일, 2심 재판부는 1심 판결에 대해 [도표 4-1]과 [도표 4-2]의 공시에서 보는 것처럼 파기환송 결정을 내렸다. 파기환송은 1심 판결을 파기하고 사건을 돌려보낸다는 뜻이다. 1심의 판결이 잘못되었으니 판결을 무효로 하고 새로운 재판부를 구성해 처음부터 재판을 다시 하라는 뜻이다. 이는 곧 코오롱인더스트리의 승소였다.

[도표 4-1] 코오롱인더스트리 파기환송 결정 공시

회사명	코오롱인더		회사명찾기 ▸	☑ 최종보고서		
기간	20140301 📅 - 20141001 📅	1주일 1개월 6개월 1년 2년 3년 전체			검색 🔍	

☐ 정기공시	☐ 주요사항보고	☐ 발행공시	☐ 지분공시	☐ 기타공시	☐ 외부감사관련	☐ 펀드공시	☐ 자산유동화	☐ 거래소공시	☐ 공정위공시

조회건수 15 ⌄   접수일자 ▾   회사명 ▾   보고서명 ▾

번호	공시대상회사	보고서명	제출인	접수일자	비고
46	유 코오롱인더	임원 · 주요주주특정증권등소유상황보고서	KB자산운용	2014.04.09	
47	유 코오롱인더	주식등의대량보유상황보고서(약식)	국민연금공단	2014.04.08	
48	유 코오롱인더	임원 · 주요주주특정증권등소유상황보고서	국민연금공단	2014.04.04	
49	유 코오롱인더	기타경영사항(자율공시)	코오롱인더	2014.04.04	유
50	유 코오롱인더	소송등의판결 · 결정(자율공시:일정금액미만의청구)	코오롱인더	2014.04.04	유
51	유 코오롱인더	임원 · 주요주주특정증권등소유상황보고서	KB자산운용	2014.04.02	
52	유 코오롱인더	사업보고서 (2013.12)	코오롱인더	2014.03.31	연
53	유 코오롱인더	공정거래자율준수프로그램운영현황(안내공시)	코오롱인더	2014.03.26	유
54	유 코오롱인더	임원 · 주요주주특정증권등소유상황보고서	KB자산운용	2014.03.26	
55	유 코오롱인더	[기재정정]정기주주총회결과	코오롱인더	2014.03.21	유
56	유 코오롱인더	최대주주등소유주식변동신고서	코오롱인더	2014.03.21	유
57	유 코오롱인더	감사 · 감사위원회위원중도퇴임	코오롱인더	2014.03.21	유
58	유 코오롱인더	사외이사의선임 · 해임또는중도퇴임에관한신고	코오롱인더	2014.03.21	
59	유 코오롱인더	사외이사의선임 · 해임또는중도퇴임에관한신고	코오롱인더	2014.03.21	
60	유 코오롱인더	사외이사의선임 · 해임또는중도퇴임에관한신고	코오롱인더	2014.03.21	

◁◁ 1 2 3 4 5 ▷▷   [4/5] [총 68건]

출처: 금융감독원 전자공시 시스템

[도표 4-2] 코오롱인더스트리 파기환송 결정 공시 내용

DART	본문	2014.04.04 소송등의판결·결정(자율공시:일정금액미만 ✓)
⌂ 코오롱인더	첨부	+첨부선택+ ✓

소송등의판결·결정 (자율공시:일정금액미만의청구)

1. 사건의 명칭		DUPONT DE NEMOURS AND COMPANY v. KOLON INDUSTRIES, INC.,	사건번호	No. 12-1260
2. 원고(소제기·신청인)		코오롱인더스트리(주)		
3. 결정·판결내용		1심판결에 대한 항소법원에서의 파기환송 결정		
4. 결정·판결 금액	결정·판결금액(원)			0
	자기자본(원)			1,945,583,971,593
	자기자본대비(%)			0
	대규모법인여부	해당		
5. 결정·판결사유		항소법원은 1심에서 당사가 합리적으로 제시한 증거를 1심판사가 불합리하게 배제했던 점을 인정. 이로 인해 부당한 판결이 나왔다는 당사의 주장을 받아들여서 1심판결을 파기환송하고 새로운 판사가 새로운 재판을 진행하도록 명령하였음.		
6. 관할법원		UNITED STATES COURT OF APPEALS FOR THE FOURTH CIRCUIT		
7. 향후대책		1심판결이 파기환송되어 새로운 재판이 열릴 예정이며, 당사는 이에 대한 모든 법적 대응을 적극적으로 할 계획임.		
8. 결정·판결일자		2014-04-03		
9. 확인일자		2014-04-03		
		1. 상기 자기자본은 2013년말 연결기준임. 2. 상기 원고(신청인)은 본 항소를 신청한자임. 3. 본 항소에서는 1심에서 기 판결확정된 배상금 9억 1990만 달러 및 징벌적 손해배상금 35만달러가 항소법원의 이번 파기환송 결정으로 인해 무효화 됨. 이에 [4. 결정·판결금액]을 기재치 않음. 4. 한편 1심에서 기 판결받은 배상금을 비롯 향후 20년간 아라미드에 대한 생산, 사용, 마케팅, 판촉, 판매, 유통, 제공 및 권유의 행위가 금지된다는 1심판결 역시 항소법원의 이번 파기환송 결정으로 인해 무		

출처: 금융감독원 전자공시 시스템

[도표 4-3] 코오롱인더스트리 파기환송 결정 공시 이후 주가 흐름

출처: 네이버 금융

파기환송 결정이 나던 날, 코오롱인더스트리의 주가는 [도표 4-3]에서 보는 것처럼 상한가로 화답을 했다. 3거래일 동안 21.8% 상승했다(그 당시는 상한가가 15%여서 21.8%지만 만약 상한가가 지금과 같이 30%라면 36.8%의 상승률을 기록한 것이다).

◆파기환송 공시 확인하는 법

(1) 금융감독원 전자공시 시스템(dart.fss.or.kr)에 접속한다.

(2) 회사명과 기간을 입력하고 검색 버튼을 클릭한다.

(3) 검색된 보고서 목록에서 소송 등의 판결, 결정이라는 보고서
    를 클릭한다.

(4) 나타난 보고서 내용 중 3번의 결정, 판결 내용을 확인한다.

【Advice】

신문이나 뉴스 등에서 소송 얘기가 나오면 집중하자!

눈여겨본 종목이 있다면 소송 관련 전자공시를 체크하자!

【연습문제 1】

나의 관심주가 국세청으로부터 세무조사를 당해 추징금 납부를
통지받았다는 사실을 공시했다. 주가에 어떤 영향을 미칠까? 추징
금액은 74,294,022,123원이고 자기자본 대비 3.78%에 이른다고
가정해보자.

▶모범답안

국세청으로부터 세무조사를 당해 추징금을 납부해야 할 상황이
다. 소송의 경우와 마찬가지로 가장 먼저 추징금액과 추징금이 자
기자본 대비 몇 %인지부터 확인해야 한다.

이 경우는 추징금액이 최종 확정되어 납부하더라도 자기자본 대비 3.78%에 지나지 않는다. 또한 일회성 요인이기 때문에 주가에는 별 영향을 미치지 않는다고 봐야 한다.

【연습문제 2】

다음의 기사가 만도 주가에 미치는 영향은?

만도, 통상임금 소송 2심서 패소!

만도는 근로자들이 제기한 통상임금 확대 소송 2심에서 패소했다. 서울고등법원은 만도 근로자 4,200명이 연 750%인 상여금을 통상임금에 포함해 다시 계산한 미지급 수당(16억. 임금 산정 기간은 2009년 12월부터 5년간)을 지급하라며 낸 체불임금 소송 항소심에서 원고 패소로 판결한 1심을 깨고 원고 일부 승소로 판결했다.

이에 회사 측은 2심 결과를 전 직원 4,200명에게 확대 적용해 2,000억 가량의 충당 부채를 반영할 예정이고 자동차산업의 대변화가 시작되는 시기에 1년 연구개발 투자금과 맞먹는 비용 부담이 발생하면 미래 생존을 장담할 수 없다며 대법원에 상고하겠다는 방침을 밝혔다. 또한, 회사 측은 지난달 27일 2017년 3분기 잠정 실적발표에서 영업이익이 619억으로 전년 동기대비 17.4% 감소한 것으로 잠정 집계되었다고 공시했으나 패소 판결이 나온 날 3분기 영업이익이 956억 적자라고 정정 공시를 냈다.

출처 : 한국경제 2017. 11. 8

상기 기사에는 생각해봐야 할 것들이 있다.

- 대법원에 상고할 계획이어서 즉각적인 현금 유출은 없다는 점
- 대법원 판결까지 수년이 걸린다는 점
- 지연이자 부담이 크지 않고 추가 인건비 발생이 없으며 소송 당사자들에게만 적용돼 금액이 미미한 편이라는 점

따라서 재료에 의한 일시적 주가 하락은 있으나 연속적인 추가 하락이 나올 확률은 매우 낮다고 봐야 한다.

리스크 유형 2 : 인물

경영능력이 검증된 유능한 인물이 복귀하는 경우다. 인물의 부재 자체가 리스크였다면 인물이 복귀함으로써 리스크가 해소된다.

리스크의 유형 3 : 밑 빠진 독에 물 붓기

현대엘리베이터와 현대상선은 애증의 관계기업이다.

2003년 현대그룹은 그룹의 계열사인 현대엘리베이터의 경영권을 놓고 KCC와 혈전을 벌였다. '쉰들러'라는 스위스 태생의 기업이 현대엘리베이터의 지분 20%를 사들이며 백기사를 자처했다. 이로 인해 현대그룹은 한시름 놓게 되었다.

2011년 현대상선의 자금난이 본격화된다. 이에 현대엘리베이터가 현대상선의 경영권 방어를 위해 5개 금융사를 우호 세력으로 끌

어들였다. 현대상선의 지분을 매입할 것을 요구하였고 그 대가로 연 5.4~7.5%의 수익을 보장해주는 파생상품 계약을 맺었다.

이후 현대상선의 주가는 급락했다. 우호 세력으로 끌어들인 금융사의 손실을 보전해주느라 현대엘리베이터는 엄청난 손해를 입었다. 그 후로도 현대엘리베이터는 다수에 걸친 유상증자와 전환사채 발행, 수권자본 확대 등을 통해 자금을 마련하느라 허덕였다.

2대 주주인 쉰들러는 현대엘리베이터가 현대상선을 지원할 때마다 7,000억대 손해배상을 청구하는 등 부당한 계열사 지원이라며 소송을 제기했다. 쉰들러 입장에서는 한 마디로 밑 빠진 독에 물 붓기로 보인 것이다. 이는 현대엘리베이터의 리스크로 작용했다.

2016년 3분기에 현대상선이 그룹 계열사에서 빠지면서 현대상선으로 인한 손실이나 추가 지원 가능성에서 완전히 벗어났다. 리스크가 완전해소된 것이다. 그 결과, 현대엘리베이터 주가는 2016년 11월 1일부터 18일까지 13.03% 상승했다.

리스크 유형 4 : 벌금

독일을 대표하는 도이치뱅크라는 은행이 있다. 2016년 9월 미국 법무부는 도이치뱅크에 모기지 담보부증권[MBS] 불완전판매와 관련하여 벌금 140억 달러를 내라고 통보했다. 이후 도이치뱅크의 주가는 줄곧 내리막을 걸었다. 벌금 통보 소식이 악재로 작용한 것이다.

그런데 프랑스의 AFP 통신이 벌금액은 140억 달러가 아니라 54억 달러가 될 것이고 합의 내용이 곧 발표될 것이라고 보도했다. 54억 달러면 거의 60%가 줄어든 액수이다. 상황이 급반전되자마자 도이치뱅크 주가는 유럽 장에서는 저점 대비 17% 미국 장에서는 14% 폭등했다.

【연습문제 1】

다음 중 상장폐지로까지 이어질 수도 있는 오너 리스크는?

① 오너가 사기혐의로 기소됨

② 오너가 횡령혐의로 기소됨

③ 오너가 사망함

④ 오너가 이혼을 함

▶정답 ②

▶해설

물론 횡령한 금액이 중요하지만 보통은 횡령금액과 상관없이 주가가 떨어진다.

참고로 ①의 사기 사건은 상장폐지 여부와는 무관하므로 혼동하지 말자.

제 2 장

상투인지

코스닥에 상장한 회사라도 위기의 순간은 온다. 상장폐지의 위기에 내몰리는 것이다. 회사의 경영 상태가 불안정하다는 것인데 이때가 오히려 기회일 수 있다. 일단 구사일생으로 살아남은 회사는 단기 투자처로 노려볼 만하다. 다른 기업이나 인물이 투자하는 회사는 무조건 잡아라. 그만큼 성장의 동력을 가지고 있다는 말이다. 만약 회사를 쪼개 인적분할을 한다면 분할 비율이 어떻게 나뉘는지 살펴야 한다. 무조건 지주회사라고 투자해서는 안 된다. 기업의 지갑 속에 든 다른 회사의 지분을 살펴라. 지분을 가지고 있는 회사의 움직임에 따라 지갑이 두둑해질 수 있다.

상장폐지 모면

구사일생으로 살아남은 회사를 노려라

폭발력 지수 = 레벨 10

기본정석

주식투자에 있어서 최악은 투자한 기업이 상장폐지를 당하는 것
이다. 리스크 중 최대 리스크이다. 하지만 상장폐지를 당할 줄 알았
던 기업이 폐지당하지 않고 상장을 유지하게 된다면? 이는 엄청난
리스크 해소다. 따라서 주가가 급등하는 경우가 많다.

어찌 보면 이 단락은 앞의 리스크 해소와 동일한 맥락이다. 그럼
에도 별도의 단락으로 구성한 것은 그만큼 상장폐지는 강력한 리

스크이고 상장폐지 모면은 강력한 리스크 해소라는 점을 강조하려는 것이다. 이는 동전의 양면과 같은 high risk, high return의 전형이다.

【Advice】

예외적인 상장폐지도 있다. 상장폐지를 당하는 것이 아니라 자발적으로 상장폐지를 하는 것이다. 이런 경우는 회사 입장에서 상장보다는 비상장 상태가 득이 되는 경우이다. 비상장사는 까다로운 공시 규정을 지키거나 때마다 실적을 공개해야 할 의무가 없다. 그러나 자발적으로 상장폐지를 하려면 발행주식의 100%를 보유해야 가능하다.

상장사인 A 기업의 현재 지분율이 30%라면 나머지 70% 지분을 취득해야 한다. 이런 경우에는 A 기업이 공개적으로 1주당 얼마에 사겠다고 공표를 하는데, 이를 공개매수라 한다. 여기서 포인트는 A 기업이 제시하는 주당 매수가는 보통 시장에서 거래되는 현재가보다 높다. 그래야만 현재 그 주식을 보유하고 있는 주주가 주식을 넘길 가능성이 크기 때문이다. 이런 경우에 일시적으로 매수세가 몰려 주가가 상승한다.

[예시 1] STX

STX는 쌍용중공업의 후신으로 STX그룹 계열사의 지주회사 역할을 하다 2008년 글로벌 금융위기 이후 그룹 계열사들이 쓰러지면서 2014년 1월 채권단 공동관리(자율협약)에 들어갔다.

[도표 5-1] 2014. 5. 15 STX 상장적격성 실질심사 대상 결정 공시

회사명	STX		회사명찾기 •	☑ 최종보고서	검색
기간	20140301 - 20141001		1주일 1개월 6개월 1년 2년 3년 전체		

□ 정기공시	□ 주요사항보고	□ 발행공시	□ 지분공시	□ 기타공시	□ 외부감사관련	□ 펀드공시	□ 자산유동화	□ 거래소공시	□ 공정위공시

조회건수 15 ▽   접수일자 ▼   회사명 ▼   보고서명 ▼

번호	공시대상회사	보고서명	제출인	접수일자	비고
1	유 STX	반기보고서 (2014.06)	STX	2014.08.14	
2	유 STX	기타시장안내 (상장폐지기준 미해당)	유가증권시장···	2014.06.02	유
3	유 STX	기타경영사항(자율공시)	STX	2014.06.02	
4	유 STX	기타시장안내 (상장적격성 실질심사 대상 결정)	유가증권시장···	2014.05.15	유
5	유 STX	분기보고서 (2014.03)	STX	2014.05.15	
6	유 STX	[기재정정]사업보고서 (2013.12)	STX	2014.05.15	연
7	유 STX	기타시장안내 (상장적격성 실질심사 사유추가 안내)	유가증권시장···	2014.05.08	유
8	유 STX	횡령·배임혐의발생	STX	2014.05.08	유
9	유 STX	임원·주요주주특정증권등소유상황보고서	허현	2014.04.24	
10	유 STX	임원·주요주주특정증권등소유상황보고서	김원욱	2014.04.24	
11	유 STX	임원·주요주주특정증권등소유상황보고서	이상주	2014.04.23	
12	유 STX	임원·주요주주특정증권등소유상황보고서	신상은	2014.04.23	
13	유 STX	임원·주요주주특정증권등소유상황보고서	고영삼	2014.04.23	
14	유 STX	기타시장안내 (상장적격성 실질심사 대상여부 조사기간 연장 안내)	유가증권시장···	2014.04.21	유
15	유 STX	지배회사의주요종속회사탈퇴	STX	2014.04.01	유

▣▣ 1 2 3 ▣▣   [1/3] [총 40건]

출처: 금융감독원 전자공시 시스템

[도표 5-2] 2014. 5. 15 STX 상장적격성 실질심사 대상 결정 공시 내용

DART◑ STX	본문	2014.05.15 기타시장안내 ⌄
	첨부	+첨부선택+ ⌄

기타시장안내

1. 제목	(주)STX 상장적격성 실질심사 대상 결정 및 매매거래정지 계속 관련 안내(2014.05.15)	
2. 내용	한국거래소는 (주)STX의 자본금 전액잠식으로 인한 상장폐지 사유 해소 및 횡령·배임혐의 발생과 관련하여 유가증권시장상장규정 제48조 제2항, 제49조 제1항, 동 규정 시행세칙 제50조에 따라 상장적격성 실질심사 대상여부를 종합적으로 검토한 결과 동사 주권에 대하여 상장적격성 실질심사 대상에 해당됨을 결정하였습니다. 동 결정에 따라 한국거래소는 (주)STX에 대하여 해당사실을 통보하고 통보일로부터 15일 이내(2014.06.09 한)에 기업심사위원회를 개최하여 상장폐지기준 해당여부에 관한 심의를 거쳐 당해 주권의 상장폐지여부를 결정할 예정임을 알려드립니다. ※ 기업심사위원회의 심의를 거쳐 당해 주권의 상장폐지가 결정되는 경우에는 상장폐지절차(이의신청 및 상장공시위원회 심의 등)가 진행되며, 상장폐지에 해당하지 않는 것으로 결정되는 경우 매매거래정지 해제 등 관련 사항을 안내할 예정입니다. 아울러 동사 주권은 실질심사에 따른 상장적격성 여부 결정일까지 매매거래정지가 계속됨을 알려드립니다. (한국거래소)	
3. 기타 투자판단과 관련한 중요 사항	-	
	※ 관련공시	2014-05-08 기타시장안내(상장적격성 실질심사 사유추가 안내) 2014-04-21 기타시장안내(상장적격성 실질심사 대상여부 조사기간 연장 안내) 2014-03-31 기타시장안내(상장적격성 실질심사 대상여부 검토 관련 안내)

출처: 금융감독원 전자공시 시스템

그 뒤 [도표 5-1]과 [도표 5-2]에서 보는 것처럼 2014년 5월 15일 상장 적격성 실질심사 대상이 되었지만 [도표 5-3]과 [도표 5-4]에서 보는 것처럼 2014년 6월 2일에 기업심사위원회에서 심의한 결과 상장폐지 기준에 해당하지 않는 것으로 결정났다. 이에

[도표 5-3] 2014. 6. 2 STX 상장적격성 실질심사 결과 공시>

번호	공시대상회사	보고서명	제출인	접수일자	비고
1	유 STX	반기보고서 (2014.06)	STX	2014.08.14	
2	유 STX	기타시장안내 (상장폐지기준 미해당)	유가증권시장…	2014.06.02	유
3	유 STX	기타경영사항(자율공시)	STX	2014.06.02	
4	유 STX	기타시장안내 (상장적격성 실질심사 대상 결정)	유가증권시장…	2014.05.15	유
5	유 STX	분기보고서 (2014.03)	STX	2014.05.15	
6	유 STX	[기재정정] 사업보고서 (2013.12)	STX	2014.05.15	연
7	유 STX	기타시장안내 (상장적격성 실질심사 사유추가 안내)	유가증권시장…	2014.05.08	유
8	유 STX	횡령 · 배임혐의발생	STX	2014.05.08	유
9	유 STX	임원 · 주요주주특정증권등소유상황보고서	허혁	2014.04.24	
10	유 STX	임원 · 주요주주특정증권등소유상황보고서	김원욱	2014.04.24	
11	유 STX	임원 · 주요주주특정증권등소유상황보고서	이상주	2014.04.23	
12	유 STX	임원 · 주요주주특정증권등소유상황보고서	신상은	2014.04.23	
13	유 STX	임원 · 주요주주특정증권등소유상황보고서	고영삼	2014.04.23	
14	유 STX	기타시장안내 (상장적격성 실질심사 대상여부 조사기간 연장 안내)	유가증권시장…	2014.04.21	유
15	유 STX	지배회사의주요종속회사탈퇴	STX	2014.04.01	유

출처: 금융감독원 전자공시 시스템

[도표 5-4] 2014. 6. 2 STX 상장적격성 실질심사 결과 시 내용

DART STX	본문 2014.06.02 기타시장안내 ✔
	첨부 +첨부선택+ ✔

기타시장안내

1. 제목	(주)STX, 주권에 대한 기업심사위원회 심의결과 및 상장 유지 결정 안내(2014.06.02)	
2. 내용	거래소는 (주)STX 주권에 대하여 2014.06.02 기업심사위 원회를 개최하였으며, 동사의 주권의 상장폐지기준 해당 여부에 대한 심의 결과를 반영하여 상장폐지기준에 해당 되지 않는 것으로 결정하였습니다. 이에 따라 2014.06.03(화)부터 동사 주권의 매매거래정 지가 해제됨을 알려드립니다. (한국거래소)	
3. 기타 투자판단과 관련한 중요 사항	※ 관련공시	- 2014-05-15 기타시장안내(상장적격성 실질 심사 대상 결정) 2014-05-08 기타시장안내(상장적격성 실질 심사 사유추가 안내) 2014-04-21 기타시장안내(상장적격성 실질 심사 대상여부 조사기간 연장 안내) 2014-03-31 기타시장안내(상장적격성 실질 심사 대상여부 검토 관련 안내)

출처: 금융감독원 전자공시 시스템

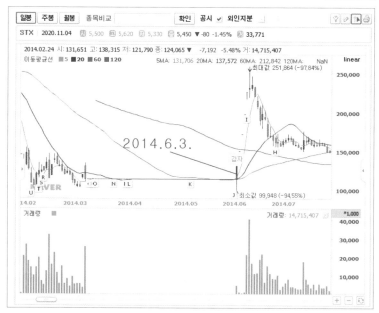

출처: 금융감독원 전자공시 시스템

따라 2014년 6월 3일부터 매매 거래정지가 해제되었다. 주가는 화답이라도 하듯 [도표 5-5]에서 보는 것처럼 6월 3일부터 5거래일 연속 상한가를 기록했다.

[참고] 상장폐지 요건

유가증권 시장	
정기 보고서 미제출 관련	사업보고서 미제출로 관리종목 지정 후 법정 제출기한으로부터 10일 이내 사업보고서 미제출
감사의견 관련	최근 사업연도 감사보고서상 감사의견이 부적정 또는 의견거절인 경우
자본잠식 관련	최근 사업연도 보고서상 자본금 전액 잠식, 자본금 50% 이상 잠식 2년 연속인 경우
주식 분산 관련	2년 연속 일반 주주 수 200명 미만인 경우
거래량 관련	2반기 연속 반기 월평균 거래량이 유통 주식 수의 1% 미만인 경우
매출액 관련	2년 연속 매출액 50억 원 미만인 경우
공시의무 관련	관리종목 지정 후 고의, 중과실로 공시의무를 위반한 경우

코스닥 시장	
매출액 관련	관리종목 지정 유예 기간 중 최근 3사업연도 연속으로 매출액이 5억 원 미만이면서 전년도 대비 100분의 50 이상 매출액 감소가 발생한 경우
자본잠식 관련	최근 연말 완전 자본잠식이 발생한 경우
감사의견 관련	감사보고서 부적정, 의견거절, 범위 제한 한정인 경우
시가총액 관련	관리종목 지정 후 90일간 연속 10일 & 누적 30일간 40억 원 이상의 조건을 미충족한 경우
거래량 관련	2분기 연속 월평균 거래량이 유통주식 수의 1% 미만인 경우
공시 관련	1년간 불성실 공시 벌점 15점 이상인 경우

【Advice】

상장폐지 모면의 경우, 절대 욕심을 부리면 안 된다. 거래재개 시 작일로부터 1~3일 동안이 매우 중요하다. 이 기간에 조금이라도 수익이 났다면 절대로 미련을 갖지 말고 매도하라. 1~3일 이후부터는 주가가 하락하는 경우가 많다. 매우 위험해진다.

[도표 5-6] 2018. 7. 4 STX 상장 적격성 실질심사 결과 공시

회사명	STX				회사명찾기 ▾	☑ 최종보고서		
기간	20180301 🗓 - 20201104 🗓	1주일	1개월	6개월	1년	2년	3년	전체	검색 🔍

☐ 정기공시	☐ 주요사항보고	☐ 발행공시	☐ 지분공시	☐ 기타공시	☐ 외부감사관련	☐ 펀드공시	☐ 자산유동화	☐ 거래소공시	☐ 공정위공시

조회건수 15 ▾　　　　　　　　　　　　접수일자 ▾　회사명 ▾　보고서명 ▾

번호	공시대상회사	보고서명	제출인	접수일자	비고
91	유 STX	대표이사(대표집행임원)변경(안내공시)	STX	2018.08.22	유
92	유 STX	최대주주등소유주식변동신고서(최대주주변경시)	STX	2018.08.22	
93	유 STX	최대주주변경	STX	2018.08.22	유
94	유 STX	임원·주요주주특정증권등소유상황보고서	에이피씨머큐리	2018.08.21	
95	유 STX	주식등의대량보유상황보고서(일반)	에이피씨머큐리	2018.08.21	
96	유 STX	[기재정정]주식등의대량보유상황보고서(일반)	에이피씨머큐리	2018.08.21	
97	유 STX	채권은행등의관리절차해제	STX	2018.08.21	유
98	유 STX	주식등의대량보유상황보고서(일반)	에이에프씨코···	2018.08.21	
99	유 STX	반기보고서 (2018.06)	STX	2018.08.14	
100	유 STX	사외이사의선임·해임또는중도퇴임에관한신고	STX	2018.08.13	
101	유 STX	임시주주총회결과	STX	2018.08.13	유
102	유 STX	주주총회소집공고	STX	2018.07.27	
103	유 STX	[기재정정]주주총회소집결의	STX	2018.07.27	유
104	유 STX	기타경영사항(자율공시)	STX	2018.07.04	유
105	유 STX	기타시장안내 (유가증권시장 기업심사위원회 심의 결과 및 상장유지 결정 안내)	유가증권시장···	2018.07.04	유

◀◀ ◀ 1 2 3 4 5 6 7 8 ▶ ▶▶　　　　[7/8] [총 117건]

출처: 금융감독원 전자공시 시스템

[도표 5-7] 2018. 7. 4 STX 상장 적격성 실질심사 결과 공시 내용

DART 본문	2018.07.04 기타시장안내 ∨
STX 첨부	+첨부선택+ ∨

기타시장안내

1. 제목	(주)STX, 유가증권시장 기업심사위원회 심의결과 및 상장유지 결정 안내(2018.7.4)	
2. 내용	동사는 2017.6.13일 기업심사위원회의 심의를 거쳐 2018.6.13까지 개선기간을 부여받은 바 있습니다. 개선기간이 종료됨에 따라 한국거래소는 동사의 상장적격성 유지 여부 심의를 위해 2018.7.4일 기업심사위원회를 개최하였습니다. 한국거래소는 기업심사위원회의 심의를 거쳐 동사에 대한 상장유지를 결정하였으며, 이에 따라 2018.7.5(목)부터 동사 주권의 매매거래정지가 해제됨을 알려드립니다.	
3. 기타 투자판단과 관련한 중요사항	※ 관련공시	- 2017-03-31 기타시장안내 2017-04-21 기타시장안내 2017-05-17 기타시장안내 2017-06-13 기타시장안내(개선기간 부여안내)

출처: 금융감독원 전자공시 시스템

STX 경우 2014년에 이어 2018년에 [도표 5-6]과 [도표 5-7]의 공시에서 보는 것처럼 한 번의 기회가 나타난다.

다음 파이낸셜뉴스의 기사 내용을 정리하면 STX는 2018년 6월 13일까지 개선해야 하는 상황이고 6월 14일부터 6월 28일 사이에 상장폐지 여부를 결정해야 한다는 얘기다. 이런 경우는 비유하자면 숟가락으로 밥을 떠먹여 주는 것이나 다름없다.

㈜STX의 거래재개가 다음 달 초 판가름 날 전망이다. 자본잠식으로 거래가 정지된 후 1년 4개월 만이다. 거래재개가 연기되거나 불발될 경우 외국자본을 차별한다는 논란까지 빚을 수 있다는 지적이다.

27일 투자은행IB업계에 따르면 STX는 지난해 6월 13일 한국거래소 기업심사위원회로부터 1년의 개선 기간을 부여받았다. 이에 따라 이달 13일 이후 15일 영업일 이내에 기업심사위원회에서 심의가 이뤄질 예정이다.

요건을 갖춘 만큼 거래재개가 무난할 것이라는 시장의 평가다. 거래정지 후 채권단으로부터 3,600억 출자전환이 이뤄졌고, 지난해 말 기준 435억 영업이익을 내며 흑자로 전환하는 등 실적도 크게 개선됐다.

출처 : 파이낸셜 뉴스 2018. 6. 27

상장폐지를 할 것인가 아니면 상장을 유지할 것인가에 대한 결정 기간이 매우 구체적으로 나와 있기 때문이다. 따라서 6월 13일 이후부터 6월 28일까지는 최소 하루에 한 번씩 공시를 확인해야 한다. 이 얼마나 좋은 기회인가. 상장폐지 결정 공시가 나오면 안 사면 되는 것이고 반대로 상장유지 결정 공시가 나오면 잠깐 들어갔다 나오면 된다.

실제로 어떤 상황이 벌어졌는지 확인을 해보자.

[도표 5-8] 2018. 7. 4 STX 상장 적격성 실질심사 결과 공시 이후 주가 움직임

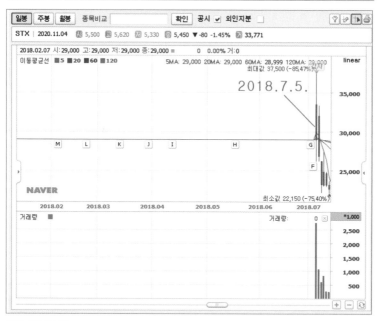

출처: 네이버 금융

[도표 5-8]의 주가 흐름 차트에서 보는 것처럼 2014년과 비교하면 이번 경우 1일 천하로 끝났지만, 거래재개 첫날 주가 상승률은 약 16%에 달했다. 욕심부리지 않고 만약 이날 하루만 매매했다면 쏠쏠한 수익을 냈을 것이다.

【Advice】

노파심에서 다시 한번 강조하지만, 상장폐지 실질심사 대상이 됐다는 것은 회사의 자금 등 사정이 최악이라는 의미다. 따라서 이러한 주식을 건드리는 것은 극도로 조심해야 한다. 상장폐지 결정은 말할 것도 없다. 설령 상장유지로 결정이 났더라도 욕심은 금물이다. 하루나 이틀만 매매하자. 이를 절대적으로 명심 또 명심하기를 바란다.

【참고】

법정관리(기업회생) 중에 상장폐지를 모면하는 기업도 종종 있다. 기업이 법정관리를 졸업하는 경우는 크게 2가지로 보면 된다. 하나는 부채를 다 갚은 경우이고 다른 하나는 타기업이 인수(타기업에 팔리는)하는 경우이다.

일반적인 법정관리(기업회생) 절차는 다음과 같다.

01) 법정관리(기업회생절차 개시) 신청

[도표 5-9] 롯데관광개발 회생절차 개시신청 공시 내용

| DART | 본문 | 2013.03.19 [정정] 주요사항보고서(회생절차개시신청) ▽ | | |
| 🔲 롯데관광개발 | 첨부 | +첨부선택+ ▽ | | 💾 다운로드 |

문서목차	
정정신고(보고)
주요사항보고서
회생절차 개시신청

회생절차 개시신청

1. 신청인 (회사와의 관계)	롯데관광개발주식회사
2. 관할법원	서울중앙지방법원
3. 신청사유	회생절차 신청을 통한 경영정상화 도모
4. 신청일자	2013년 03월 18일
5. 향후대책 및 일정	1. 서울중앙지방법원에서 신청서와 관련자료의 서면심사를 통한 회생절차 개시여부 결정이 있을 예정입니다. 2. 당사는 2013년 03월 18일 서울중앙지방법원에 재산보전처분신청 및 포괄적금지명령신청을 접수하여 2013년 03월 19일 결정받았습니다.

출처: 금융감독원 전자공시 시스템

64

02) 법원 보전처분 명령

03) 채무와 채권 유예(동결)

04) 관할 지방법원 회생절차 개시 결정

[도표 5-10] 롯데관광개발 회생절차 개시결정 공시 내용

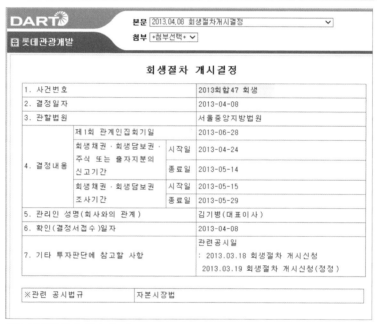

출처: 금융감독원 전자공시 시스템

05) 회생계획안 제출

06) 관계인 집회하에 회생계획안 가결 및 부결 결정

이때 기업의 존속 가치와 청산 가치를 면밀히 분석하여 가부를 결정한다.

07) 회생계획안 가결

08) 관할 지방법원 회생계획안 인가

[도표 5-11] 롯데관광개발 회생계획 인가 공시 내용

DART		
롯데관광개발	본문 2013.06.28 회생계획인가	첨부 +첨부선택+

회 생 계 획 인 가

1. 사건번호	2013회합47 회생
2. 결정일자	2013-06-28
3. 관할법원	서울중앙지방법원
4. 인가사유	당사는 2013년 06월 03일 제1회 관계인집회를 개최하고, 2013년 06월 13일 회생계획안(2013년 06월 28일 2차수정안)을 제출하였습니다. 2013년 06월 28일 개최한 제2,3회 관계인집회에서 회생담보권자조의 3/4이상 동의(99.62%), 회생채권자조의 2/3이상 동의(95.56%) 및 주주조 참석주주의 1/2이상 동의(100%)를 얻어, 서울중앙지방법원으로부터 회생계획안 인가를 결정받았습니다.
5. 확인(결정서 접수)일자	2013-06-28
6. 기타 투자판단에 참고할 사항	- ※관련공시 - 2013.04.08 회생절차개시결정 - 2013.06.14 기타 주요경영사항(자율공시)

출처: 금융감독원 전자공시 시스템

09) 회생계획안 실시

예) 인가된 회생계획에 따라서 변제계획인 회생담보권 중에 1억 4,000만 원을 법원의 승인을 받아 변제했음. 회생담보권 및 회생채권 1,100억을 회생계획에 따라 출자전환을 완료하고 관할 지방법원의 허가 후 자본변경을 완료했음.

▶ '자본변경'의 의미는?

일반적으로 법정관리에 들어가면 징벌적 감자라 하여 강제적으로 자본금을 줄인다. 대주주가 소유한 기존의 주식은 강제 이전되어 강제 소각되면 자연히 자본금이 줄어 감자가 이루어진다.

이렇게 하는 이유는 기존의 대주주가 임의대로 자산을 매각하는 임의 행동을 막고 강제적으로 자본금을 줄여 대주주의 권한을 약화시키려는 목적이다. 지분은 소유한 주식 수보다 소유 비율(%) 즉, 지분율이 중요한데 종전에 대주주의 지분율이 50%였다면 이 과정을 통해 20%로 줄어들기에 권한이 대폭 약화된다. 그래서 이것을 징벌적 감자라고 한다.

10) 회생절차 종결 신청

[도표 5-12] 롯데관광개발 회생절차 종결신청 공시 내용

DART
롯데관광개발

본문 [2013.08.22 회생절차종결신청 ▾]
첨부 [+첨부선택+ ▾]

회생절차 종결신청

1. 사건번호	2013회합47 회생
2. 신청인(회사와의 관계)	롯데관광개발(주)
3. 관할법원	서울중앙지방법원
4. 신청사유	당사는 2013년 4월 8일 서울중앙지방법원으로 부터 회생절차개시 결정을 받았으며, 2013년 6월 28일 관계인집회에서 회생계획이 가결되었고, 동 일자로 서울중앙지방법원으로 부터 회생계획에 대한 인가결정을 받았습니다. 인가된 회생계획에 따라 2013년 7월 5일 준비연도에 변제계획인 회생담보권중 104백만원을 법원의 승인을 받아 변제하였으며, 회생담보권 및 회생채권 1,102억원을 회생계획에 따라 출자전환하였고, 이에 대해 서울중앙지방법원의 허가후 자본변경을 완료하였습니다. 2013년 8월 현재 회생채권 및 공익채권 등의 변제가 정상적으로 이행되고 있고, 향후 회생계획 수행에 지장이 없다고 판단되어 회생절차 종결 허가신청서를 서울중앙지방법원에 제출 하였습니다.
5. 신청일자	2013-08-22
6. 확인일자	2013-08-22
7. 향후대책 및 일정	회생절차 종결신청에 대한 법원의 결정이 있을시 즉시 공시하겠습니다.
8. 기타 투자판단에 참고할 사항	- ※관련공시 - 2013.04.08 회생절차 개시결정 - 2013.06.14 기타 주요경영사항(자율공시) 　　　　　 회생계획안 제출 - 2013.06.28 회생계획 인가

출처: 금융감독원 전자공시 시스템

11) 관할 법원 회생절차 종결 허가

12) 법정관리 졸업

13) 한국거래소 기업심사위원회를 열어 상장폐지 심의

14) 상장유지로 결정

15) 주가 폭등

위의 12, 13, 14의 경우는 앞에서 STX의 사례를 들어 설명했으므로 참조하면 된다.

【참고】

1. 법정관리를 벗어난 기업의 경우

법정관리를 졸업한 기업이 과거부터 소송을 걸어놓은 게 있다고 가정해보자. 승소할 확률이 매우 높거나, 승소 확정판결을 받았거나, 반대로 타기업으로부터 소송을 당했었는데 승소할 확률이 매우 높거나, 승소 확정판결을 받았다면 손실을 크게 줄일 수 있기에 주가는 급등한다.

2. 회생계획안의 예시

법정관리 신청은 기업이 부채를 갚지 못해 하는 경우가 많다. 따라서 회생계획안에는 주로 부채를 어떤 방법으로 갚겠다는 내용이 들어간다. 기존의 채권자들 또한 고통 분담 차원에서 이미 대출해준 돈(부채)을 기업에 투자한 것으로 바꾸는 경우(출자전환)가 많다.

① 법정관리 신청 기업의 대주주가 소유한 타법인 주식을 매각하여 변제

② 법정관리 신청 기업의 사옥 전체 혹은 일부 층을 매각해 변제

③ 계열사가 소유한 법정관리 신청 기업의 채권을 출자로 전환

④ 법정관리 신청 기업의 소유 토지를 매각해 변제

⑤ 대규모 인력 감축

Key Point

법정관리 졸업 후에는 한국거래소가 기업심사위원회를 열어 상장폐지 여부에 관해 심의하는데 이때가 매우 중요하다. 상장 적격성 실질심사 대상으로 선정되었다는 공시가 뜨면 그날부터 매일 공시를 주시해야만 한다.

앞에서 예를 든 STX 사례의 경우 2014년 5월 15일에 상장 적격성 실질심사 대상으로 결정되었다. 이날로부터 약 18일 후인 2014년 6월 2일 상장폐지 기준에 부합하지 않기 때문에 상장을 유지한다는 공시가 떴다. 다시 말해 상장폐지 위기를 모면한 것이다.

사안에 따라 심사 결과가 나오기까지 소요기간이 천차만별이지만 평균적으로 약 한 달 정도 된다. 만약 상장유지의 공시가 뜨면 이때가 투자타이밍이다.

3. 법정관리 시 일반적으로 일어나는 것들(이해를 돕기 위해 앞의 STX를 예로 든다)

① 최대주주 변경(2014. 1. 24)

채권자인 산업은행의 출자전환에 따른 최대주주 등극(최대주주가 강덕수 회장에서 산업은행으로 변경되었다.)

② 징벌적 감자 결정(2014. 1. 27)

보통주, 우선주를 포함한 모든 주식을 감자비율 = 5 : 1로 병합한다.

자기주식을 무상으로 소각한다. 이를 보통 자사주 소각이라 하는데 회사가 발행한 자기회사 주식을 매입해서 없애버린다는 뜻이다.

③ 매매 거래정지(2014. 1. 27)

④ 임시 주주총회 소집 공고(2014. 1. 27)

〈안건의 내용〉

제1호 의안 : 자본금 감소 승인의 건

제2호 의안 : 정관 일부 변경의 건

제3호 의안 : 이사 선임의 건

제4호 의안 : 감사위원회 위원 선임의 건

⑤ 채권단(예:우리은행, 산업은행, 정책금융공사 등) 출자전환으로 주식 신규 취득 (2014. 2. 3)

⑥ 채권단(예:우리은행, 산업은행, 정책금융공사 등) 대상 유상증자

(제3자 배정 유상증자) (2014. 2. 6)

⑦ 대표이사 변경

⑧ 정기주주 총회

〈안건의 내용〉

제1호 의안 : 제38기(2013. 1. 1~2013. 12. 31) 재무제표(결손금처리
계산서(안) 포함) 승인의 건

제2호 의안 : 정관 일부 변경의 건

제3호 의안 : 이사 선임의 건

제4호 의안 : 감사 선임의 건

제5호 의안 : 이사 보수 한도 승인의 건

제6호 의안 : 감사 보수 한도 승인의 건

⑨ 한국거래소 상장 적격성 실질심사 대상 여부 조사 기간 연장
안내(2014. 4. 21)

거래소는 ㈜STX에 대해 유가증권시장 상장규정 제48조 제2항 및 제49
조 제1항에 따라 동사가 상장적격성 실질심사 대상에 해당되는지 여부에
대하여 심사 중이며, 상장적격성 실질심사 대상여부 결정을 위한 추가조
사 필요성 등이 감안되어 유가증권시장 상장규정 제49조에 따라 조사기
간을 2014. 05. 15까지 연장함을 알려드립니다.
이에 따라 동사의 상장적격성 실질심사 대상여부에 관한 결정일까지 동
사 주권에 대한 매매거래정지가 계속됨을 알려드립니다.

출처 : 금융감독원 전자공시 시스템

⑩ 상장 적격성 실질심사 대상 결정 및 매매 거래정지 계속 관련

  안내(2014. 5. 15)

한국거래소는 ㈜STX의 자본금 전액 잠식으로 인한 상장폐지 사유 해소

및 횡령, 배임 혐의 발생과 관련하여 유가증권 시장 상장규정 제48조 제

2항, 제49조 제1항, 동 규정 시행세칙 제50조에 따라 상장 적격성 실질심

사 대상 여부를 종합적으로 검토한 결과 동사 주권에 대하여 상장 적격성

실질심사 대상에 해당함을 결정하였습니다.

동 결정에 따라 한국거래소는 ㈜STX에 대하여 해당 사실을 통보하고 통

보일로부터 15일 이내(2014.06.09)에 기업심사위원회를 개최하여 상장폐

지 기준 해당 여부에 관한 심의를 거쳐 당해 주권의 상장폐지 여부를 결정

할 예정임을 알려드립니다.

※기업심사위원회의 심의를 거쳐 당해 주권의 상장폐지가 결정되는 경우

에는 상장폐지절차(이의신청 및 상장공시위원회 심의 등)가 진행되며, 상장폐

지에 해당하지 않는 것으로 결정되는 경우 매매 거래정지 해제 등 관련 사

항을 안내할 예정입니다.

출처 : 금융감독원 전자공시 시스템

⑪ 주권에 대한 기업심사위원회 심의 결과 및 상장유지 결정 안
  내(2014. 6. 2)

거래소는 (주)STX 주권에 대하여 2014. 06. 02 기업심사위원회를 개최
하였으며, 동사의 주권의 상장폐지기준 해당여부에 대한 심의 결과를 반
영하여 상장폐지기준에 해당되지 않는 것으로 결정하였습니다.

이에 따라 2014.06.03(화) 부터 동사 주권의 매매거래정지가 해제됨을
알려드립니다.

출처 : 금융감독원 전자공시 시스템

【Advice】

반드시 그런 것은 아니지만 STX 같은 국가 기간산업(예 : 조선, 자동차 등)은 법원 및 금융위원회 같은 곳(혹은 청와대가 될 수도 있고)에서 될 수 있으면 살리려고 하는 편이다. 이런 기업을 청산시켜 버리면 거기에 딸린 어마어마한 숫자의 국민과 직원들, 그 가족들의 생계가 막막해지기 때문이다. 또한, 기존의 채권단들이 어마어마한 자금(보통 조 단위의 금액)을 대출해줬기 때문에 청산(빚잔치)시켜버리면 대출 원금도 거의 건지지 못한다. 그래서 출자로 전환하여 기업을 정상화시킨 뒤 매각 등을 통해 대출금을 회수하려 한다.

이러한 2가지 이유로 계속 사업을 할 수 있도록 살려두는 편이다. 따라서 청산보다는 존속 쪽으로 가는 경우가 많고 상장폐지보다 상장유지로 결정 나는 경우가 많다. 투자자의 입장에서 본다면 시간의 문제일 뿐이다.

앞서 설명한 STX의 경우에서 보듯 상장 적격성 실질심사 대상 결정 공시가 난 후에는 매일 공시를 체크하자. 주권에 대한 기업심사위원회 심의 결과 및 상장유지 결정 안내 공시가 뜨는 날 바로 매수할 수 있도록 준비해야 한다.

4. 법정관리(기업회생) 중인 기업의 주가가 급등하는 또 다른 요인은?

가장 대표적인 경우가 타기업에 팔리는 것이다. 즉, M&A의 경우이다. 인수하려는 기업이 우량기업이라면 주가는 더 많이 급등한다. 이해를 돕기 위해 '남광토건'의 실제 사례를 [도표 5-13]과 [도표 5-14]에서 보는 것처럼 공시를 통해 살펴보자.

[도표 5-13] 남광토건 기업매각 공시

번호	공시대상회사	보고서명	제출인	접수일자	비고
1	유 남광토건	반기보고서 (2014,06)	남광토건	2014,08,29	
2	유 남광토건	불성실공시법인지정	유가증권시장…	2014,07,15	유
3	유 남광토건	기타경영사항(자율공시) (M&A 진행경과)	남광토건	2014,06,26	유
4	유 남광토건	불성실공시법인지정예고	유가증권시장…	2014,06,23	유
5	유 남광토건	단일판매 · 공급계약체결	남광토건	2014,06,23	유
6	유 남광토건	분기보고서 (2014,03)	남광토건	2014,05,30	
7	유 남광토건	[기재정정]사업보고서 (2013,12)	남광토건	2014,05,12	연
8	유 남광토건	기타경영사항(자율공시) (기업매각관련 신문공고 결정)	남광토건	2014,05,07	유
9	유 남광토건	기타시장안내 (상장적격성 정기심사)	유가증권시장…	2014,04,18	
10	유 남광토건	[기재정정]매출액또는손익구조30%(대규모법인은 15%)이상변경	남광토건	2014,03,28	유
11	유 남광토건	감사보고서제출	남광토건	2014,03,28	유
12	유 남광토건	주요사항보고서(유상증자결정)	남광토건	2014,03,14	
13	유 남광토건	기타경영사항(자율공시)	남광토건	2014,03,11	유
14	유 남광토건	기타경영사항(자율공시) (단일판매 · 공급계약 진 행사항)	남광토건	2014,03,11	유
15	유 남광토건	자기주식처분결과보고서	남광토건	2014,01,02	

출처: 금융감독원 전자공시 시스템

[도표 5-14] 남광토건 기업매각 공시 내용

| DART
 남광토건 | 본문 | 2014.05.07 기타경영사항(자율공시) ⌄ |
| | 첨부 | +첨부선택+ ⌄ |

기타 주요경영사항(자율공시)

1. 제목	기업매각(M&A)관련 신문공고 결정
2. 주요내용	1. 당사는 2012년 12월 18일 회생계획 인가 결정을 받은 회사입니다. 2. 당사는 회생계획 및 회생절차에서의 M&A에 관한 준칙에 의거하여 공개경쟁입찰 방식으로 기업매각 공고를 허가 받아 신문에 공고합니다. - 공고일자 : 2014년 5월 9일(금) - 공고신문 : 매일경제신문
3. 결정(확인)일자	2014-05-07
4. 기타 투자판단과 관련한 중요사항	- '3.결정(확인)일자'는 법원의 허가일입니다. ※ 관련공시 2014-03-11 기타 주요경영사항(자율공시)

출처: 금융감독원 전자공시 시스템

[도표 5-15] 남광토건 매각 공시 이후 주가 흐름

외국인 · 기관 순매매 거래량

날짜	종가	전일비	등락률	거래량	기관 순매매량	외국인 순매매량	외국인 보유주수	보유율
2014.05.29	15,000	▲ 1,200	+8.70%	3,041,777	-25	+35,650	124,934	1.56%
2014.05.28	13,800	▼ 1,000	-6.76%	2,857,564	-10,205	+50,890	84,284	1.05%
2014.05.27	14,800	↓ 2,600	-14.94%	1,264,605	-58,700	0	33,394	0.42%
2014.05.26	17,400	0	0.00%	943,357	-31,120	-5,730	33,394	0.42%
2014.05.23	17,400	▲ 1,100	+6.75%	3,186,823	-101,541	+11,870	39,124	0.49%
2014.05.22	16,300	▲ 350	+2.19%	1,455,326	0	0	27,254	0.34%
2014.05.21	15,950	▼ 850	-5.06%	1,682,389	-10	-13,260	27,254	0.34%
2014.05.20	16,800	▲ 100	+0.60%	2,856,533	-29,250	-5,820	40,514	0.50%
2014.05.19	16,700	↑ 2,150	+14.78%	2,568,618	0	+18,670	46,334	0.58%
2014.05.16	14,550	▼ 900	-5.83%	1,657,206	-40	-7,690	27,664	0.34%
2014.05.15	15,450	▼ 1,050	-6.36%	2,209,470	-86,084	0	35,664	0.44%
2014.05.14	16,500	▲ 1,100	+7.14%	3,404,814	-86,050	-420	36,134	0.45%
2014.05.13	15,400	▼ 1,900	-10.98%	3,386,601	-20	+420	42,554	0.53%
2014.05.12	17,300	▲ 50	+0.29%	3,657,672	-128,900	-790	42,134	0.52%
2014.05.09	17,250	↑ 2,250	+15.00%	79,261	-41	-10	42,924	0.53%
2014.05.08	15,000	↑ 1,950	+14.94%	304,977	0	0	42,934	0.53%
2014.05.07	13,050	↑ 1,700	+14.98%	1,595,953	0	+7,910	42,934	0.53%
2014.05.02	11,350	▲ 650	+6.07%	1,025,223	-60	-1,200	35,024	0.44%
2014.04.30	10,700	0	0.00%	941,516	+294	+10,820	36,224	0.45%
2014.04.29	10,700	▲ 400	+3.88%	1,515,033	-20	+1,210	30,404	0.38%

《 맨앞 〈 이전 71 72 73 74 75 76 77 78 79 80 다음 〉 맨뒤 》》

출처: 네이버 금융

남광토건 주가는 이에 화답이라도 하듯 [도표 5-15]에서 보는 것처럼 공시가 나온 2014년 5월 7일부터 3거래일 연속 상한가를 기록했다.

[표 5-16] 남광토건 기업매각 유찰 공시

회사명	남광토건					회사명찾기 ▸	☑ 최종보고서	검색 🔍
기간	20140312 📅 - 20140903 📅	1주일	1개월	6개월	1년	2년	3년	전체

| ☐ 정기
공시 | ☐ 주요사항
보고 | ☐ 발행
공시 | ☐ 지분
공시 | ☐ 기타
공시 | ☐ 외부감사
관련 | ☐ 펀드
공시 | ☐ 자산
유동화 | ☐ 거래소
공시 | ☐ 공정위
공시 |

조회건수 15 ▾

번호	공시대상회사	보고서명	제출인	접수일자	비고
1	유 남광토건	반기보고서 (2014.06)	남광토건	2014.08.29	
2	유 남광토건	불성실공시법인지정	유가증권시장…	2014.07.15	유
3	유 남광토건	기타경영사항(자율공시) (M&A 진행경과)	남광토건	2014.06.26	유
4	유 남광토건	불성실공시법인지정예고	유가증권시장…	2014.06.23	유
5	유 남광토건	단일판매·공급계약체결	남광토건	2014.06.23	유
6	유 남광토건	분기보고서 (2014.03)	남광토건	2014.05.30	
7	유 남광토건	[기재정정]사업보고서 (2013.12)	남광토건	2014.05.12	연
8	유 남광토건	기타경영사항(자율공시) (기업매각관련 신문공고 결정)	남광토건	2014.05.07	유
9	유 남광토건	기타시장안내 (상장적격성 정기심사)	유가증권시장…	2014.04.18	유
10	유 남광토건	[기재정정]매출액또는손익구조30%(대규모법인은 15%)이상변경	남광토건	2014.03.28	유
11	유 남광토건	감사보고서제출	남광토건	2014.03.28	유
12	유 남광토건	주요사항보고서(유상증자결정)	남광토건	2014.03.14	

출처: 금융감독원 전자공시 시스템

그러나 아쉽게도 매각에 응찰하는 업체가 없어서 [도표 5-16] 과 [도표 5-17]에서 보는 것처럼 유찰되었다는 공시가 2014년 6월 26일에 나왔다.

[도표 5-17] 남광토건 기업매각 유찰 공시 내용

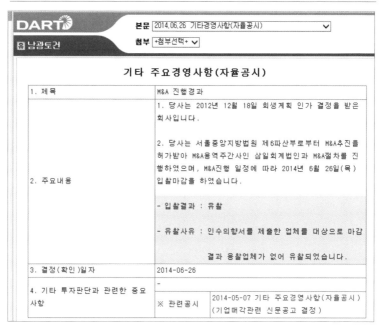

기타 주요경영사항(자율공시)

1. 제목	M&A 진행경과
2. 주요내용	1. 당사는 2012년 12월 18일 회생계획 인가 결정을 받은 회사입니다.
	2. 당사는 서울중앙지방법원 제6파산부로부터 M&A추진을 허가받아 M&A용역주간사인 삼일회계법인과 M&A절차를 진행하였으며, M&A진행 일정에 따라 2014년 6월 26일(목) 입찰마감을 하였습니다.
	- 입찰결과 : 유찰
	- 유찰사유 : 인수의향서를 제출한 업체를 대상으로 마감 결과 응찰업체가 없어 유찰되었습니다.
3. 결정(확인)일자	2014-06-26
4. 기타 투자판단과 관련한 중요 사항	-
	※ 관련공시　2014-05-07 기타 주요경영사항(자율공시) (기업매각관련 신문공고 결정)

출처: 금융감독원 전자공시 시스템

[도표 5-18] 남광토건 2차 기업매각 공시

번호	공시대상회사	보고서명	제출인	접수일자	비고
	조회건수 15 ∨		접수일자 ▼	회사명 ▼	보고서명 ▼
1	유 남광토건	최대주주등소유주식변동신고서(최대주주변경시)	남광토건	2014. 11. 11	유
2	유 남광토건	최대주주변경	남광토건	2014. 11. 11	유
3	유 남광토건	[기재정정]단일판매·공급계약체결	남광토건	2014. 11. 05	유
4	유 남광토건	기타경영사항(자율공시) (M&A 진행경과)	남광토건	2014. 10. 27	유
5	유 남광토건	주요사항보고서(유상증자결정)	남광토건	2014. 10. 13	
6	유 남광토건	최대주주등소유주식변동신고서	남광토건	2014. 10. 08	유
7	유 남광토건	주식등의대량보유상황보고서(약식)	한국무역보험…	2014. 10. 08	
8	유 남광토건	기타안내사항(안내공시) (보통주 보호예수기간 만료 안내)	남광토건	2014. 10. 07	유
9	유 남광토건	기타경영사항(자율공시) (기업매각(M&A)관련 신문공고 결정)	남광토건	2014. 09. 17	유
10	유 남광토건	반기보고서 (2014. 06)	남광토건	2014. 08. 29	
11	유 남광토건	불성실공시법인지정	유가증권시장…	2014. 07. 15	
12	유 남광토건	기타경영사항(자율공시) (M&A 진행경과)	남광토건	2014. 06. 26	
13	유 남광토건	불성실공시법인지정예고	유가증권시장…	2014. 06. 23	
14	유 남광토건	단일판매·공급계약체결	남광토건	2014. 06. 23	유
15	유 남광토건	분기보고서 (2014. 03)	남광토건	2014. 05. 30	

출처: 금융감독원 전자공시 시스템

하지만 [도표 5-18]과 [도표 5-19]의 공시에서 보는 것처럼 2016년 9월 17일 2차 매각 공시가 나오자 주가는 1차 매각 공시 때와 마찬가지로 [도표 5-20]에서 보는 것과 같이 이날 상한가를 또 기록했다.

[도표 5-19] 남광토건 2차 기업매각 공시 내용

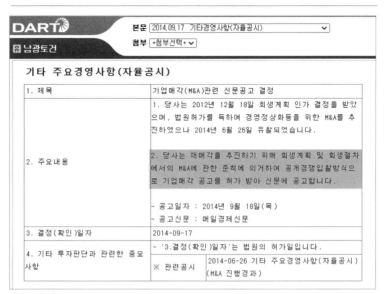

출처: 금융감독원 전자공시 시스템

계속해서 강조하지만 M&A 재료도 '상장폐지 모면'과 마찬가지로 매우 위험하다. 절대로 욕심부리지 말고 하루나 이틀만 보고 나와야만 한다. 특히 M&A 재료는 허위공시도 많고 허위는 아니지만 인수계약이 체결되지 않는 경우도 많다. 허위이든 사실이든 인수계약이 무산되면 주가가 급락하는 경우가 많으므로 더욱 주의해야 한다.

[도표 5-20] 남광토건 2차 기업매각 공시 이후 주가 흐름

외국인 · 기관 순매매 거래량

날짜	종가	전일비	등락률	거래량	기관 순매매량	외국인 순매매량	외국인 보유주수	외국인 보유율
2014.09.19	10,100	▲ 110	+1.10%	1,344,550	0	-6,392	106,742	1.33%
2014.09.18	9,990	▲ 450	+4.72%	2,984,679	+17,409	-8,167	113,134	1.41%
2014.09.17	9,540	⬆ 1,240	+14.94%	3,102,076	0	-11,745	121,301	1.51%
2014.09.16	8,300	⬆ 1,080	+14.96%	534,506	0	-458	133,046	1.66%
2014.09.15	7,220	▲ 70	+0.98%	161,015	0	-1,098	133,504	1.66%
2014.09.12	7,150	▲ 10	+0.14%	224,983	0	-23,860	134,602	1.68%
2014.09.11	7,140	▲ 60	+0.85%	176,154	0	+16,321	158,462	1.97%
2014.09.05	7,080	▼ 50	-0.70%	228,468	0	-11,221	142,141	1.77%
2014.09.04	7,130	▲ 260	+3.78%	479,704	0	-1,196	153,362	1.91%
2014.09.03	6,870	▼ 210	-2.97%	454,066	0	-9,789	154,558	1.92%
2014.09.02	7,080	▼ 70	-0.98%	391,150	0	-6,693	164,347	2.05%
2014.09.01	7,150	▼ 380	-5.05%	675,518	0	-9,701	171,040	2.13%
2014.08.29	7,530	▲ 170	+2.31%	490,945	0	+19,367	180,741	2.25%
2014.08.28	7,360	▼ 30	-0.41%	514,951	0	+19,056	161,374	2.01%
2014.08.27	7,390	0	0.00%	513,030	0	+5,304	142,318	1.77%
2014.08.26	7,390	▼ 120	-1.60%	334,622	0	+3,396	137,014	1.71%
2014.08.25	7,510	▼ 160	-2.09%	290,214	0	+4,683	133,618	1.66%
2014.08.22	7,670	▲ 90	+1.19%	522,167	0	-18,306	128,935	1.61%
2014.08.21	7,580	▲ 240	+3.27%	1,378,789	0	-31,182	147,241	1.83%
2014.08.20	7,340	▼ 460	-5.90%	654,754	0	-33,011	178,423	2.22%

‹‹ 맨앞　‹ 이전　71　72　73　74　75　76　77　78　79　80　다음 ›　맨뒤 ››

출처: 네이버 금융

이해를 돕기 위해 '비덴트' 종목의 사례도 보자.

2017년 대한민국에 휘몰아친 비트코인 광풍 관련 기업 비덴트 (구 세븐스타웍스)가 있다. 이 기업은[도표 5-21]과 [도표 5-22]에서 보는 것처럼 2017년 3월 23일 공시에서 '상장폐지 사유가 발생했음'을 알렸고 다음 날 거래가 정지되는 등 비덴트는 상장폐지 위기에 몰렸다.

[도표 5-21] 비덴트 상장폐지 사유 공시

조회건수 15 ∨			접수일자 ▾	회사명 ▾	보고서명 ▾
번호	공시대상회사	보고서명	제출인	접수일자	비고
1	코 비덴트	전환사채(해외전환사채포함)발행후만기전사채취득 (제4회차)	비덴트	2017.05.10	코
2	코 비덴트	전환사채(해외전환사채포함)발행후만기전사채취득 (제7회차)	비덴트	2017.04.28	코
3	코 비덴트	전환사채(해외전환사채포함)발행후만기전사채취득 (제6회차)	비덴트	2017.04.28	코
4	코 비덴트	주권매매거래정지기간변경 (개선기간 부여)	코스닥시장본부	2017.04.18	코
5	코 비덴트	기타시장안내 (개선기간 부여)	코스닥시장본부	2017.04.18	코
6	코 비덴트	사외이사의선임 · 해임또는중도퇴임에관한신고	비덴트	2017.03.31	
7	코 비덴트	상호변경안내	비덴트	2017.03.31	코
8	코 비덴트	정기주주총회결과	비덴트	2017.03.31	코
9	코 비덴트	기타시장안내 (상장폐지 관련 이의신청서 접수)	코스닥시장본부	2017.03.28	코
10	코 비덴트	[기재정정]대표이사변경	비덴트	2017.03.27	코
11	코 비덴트	[기재정정]주주총회소집공고	비덴트	2017.03.24	코
12	코 비덴트	최대주주변경을수반하는주식담보제공계약해제 · 취소등	비덴트	2017.03.24	코
13	코 비덴트	주권매매거래정지 (상장폐지사유 발생)	코스닥시장본부	2017.03.23	코
14	코 비덴트	기타시장안내 (상장폐지사유 발생)	코스닥시장본부	2017.03.23	코
15	코 비덴트	최대주주변경을수반하는주식담보제공계약체결	비덴트	2017.03.21	코

출처: 금융감독원 전자공시 시스템

[도표 5-22] 비덴트 상장폐지 사유 공시 내용

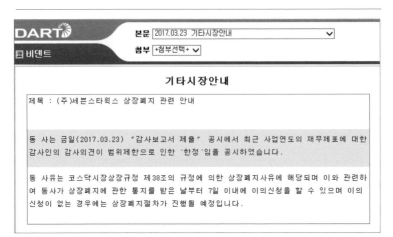

출처: 금융감독원 전자공시 시스템

[도표 5-23] 비덴트 개선기간 부여 공시

변호	공시대상회사	보고서명	제출인	접수일자	비고
조회건수 15			접수일자 ▼	회사명 ▼	보고서명 ▼
1	코 비덴트	전환사채(해외전환사채포함)발행후만기전사채취득 (제4회차)	비덴트	2017.05.10	코
2	코 비덴트	전환사채(해외전환사채포함)발행후만기전사채취득 (제7회차)	비덴트	2017.04.28	코
3	코 비덴트	전환사채(해외전환사채포함)발행후만기전사채취득 (제6회차)	비덴트	2017.04.28	코
4	코 비덴트	주권매매거래정지기간변경 (개선기간 부여)	코스닥시장본부	2017.04.18	코
5	코 비덴트	기타시장안내 (개선기간 부여)	코스닥시장본부	2017.04.18	코
6	코 비덴트	사외이사의선임·해임또는중도퇴임에관한신고	비덴트	2017.03.31	
7	코 비덴트	상호변경안내	비덴트	2017.03.31	
8	코 비덴트	정기주주총회결과	비덴트	2017.03.31	
9	코 비덴트	기타시장안내 (상장폐지 관련 이의신청서 접수)	코스닥시장본부	2017.03.28	코
10	코 비덴트	[기재정정]대표이사변경	비덴트	2017.03.27	코
11	코 비덴트	[기재정정]주주총회소집공고	비덴트	2017.03.24	
12	코 비덴트	최대주주변경을수반하는주식담보제공계약해제·취소등	비덴트	2017.03.24	코
13	코 비덴트	주권매매거래정지 (상장폐지사유 발생)	코스닥시장본부	2017.03.23	코
14	코 비덴트	기타시장안내 (상장폐지사유 발생)	코스닥시장본부	2017.03.23	코
15	코 비덴트	최대주주변경을수반하는주식담보제공계약체결	비덴트	2017.03.21	코

출처: 금융감독원 전자공시 시스템

[도표 5-24] 비덴트 개선기간 부여 공시 내용

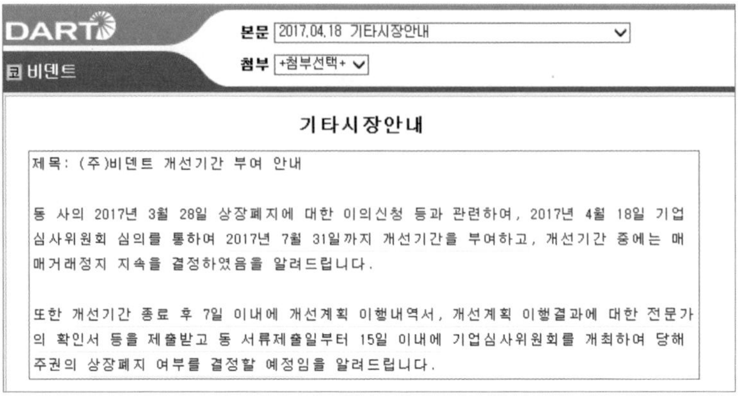

DART

코 비덴트

본문 2017.04.18 기타시장안내

첨부 +첨부선택+

기타시장안내

제목: (주)비덴트 개선기간 부여 안내

동 사의 2017년 3월 28일 상장폐지에 대한 이의신청 등과 관련하여, 2017년 4월 18일 기업심사위원회 심의를 통하여 2017년 7월 31일까지 개선기간을 부여하고, 개선기간 중에는 매매거래정지 지속을 결정하였음을 알려드립니다.

또한 개선기간 종료 후 7일 이내에 개선계획 이행내역서, 개선계획 이행결과에 대한 전문가의 확인서 등을 제출받고 동 서류제출일부터 15일 이내에 기업심사위원회를 개최하여 당해 주권의 상장폐지 여부를 결정할 예정임을 알려드립니다.

출처: 금융감독원 전자공시 시스템

그로부터 5일 후인 3월 28일에 상장폐지 관련 이의 신청서를 제출해 [도표 5-23]과 [도표 5-24]에서 보는 것처럼 2017년 4월 18일에 열린 기업심사위원회로부터 2017년 7월 31일까지 개선 기간을 부여받았다. 이에 따라 2017년 8월 9일에 개선계획 이행 내역서를 제출했으며 8월 23일 재감사 결과 감사의견 '적정' 보고서를 제출하였다. 이로 인해 2017년 8월 30일 상장폐지 사유는 해소되고 거래정지 또한 해제되었다. 주가는 이에 화답하듯 2017년 8월 31일부터 3거래일간 약 41% 상승을 보였다.

다음은 실제 공시 내용을 순서대로 정리한 것이다.

(1) 2017년 3월 23일 공시

(2) 2017년 3월 28일 이의신청서 제출

(3) 2017년 4월 18일 공시를 통해 개선 기간 부여받음

비덴트의 공시 내용 중 밑줄 친 부분(일정)을 보자. 이 부분은 매우 중요하다. 수학능력시험에 비유하자면 정답의 50%를 미리 알려주는 것과 같다.

2017년 7월 31일이 비덴트의 개선 기간 종료일이다. 개선 기간 종료 후 7일 이내에 이행 내역서 등 필요한 서류들을 제출받는다고 되어 있다. 이 기간을 최대한으로 잡으면 2017년 8월 7일 서류 제출 마감일이 된다. 이날부터 15일 이내에 상장폐지 여부가 결정이 난다고 했으니 이 기간도 최대한으로 잡으면 8월 22일이 결정 종료일이 되는 것이다.

[도표 5-25] 비덴트 상장유지 결정 공시

변호	공시대상회사	보고서명	제출인	접수일자	비고
	조회건수 15		접수일자 ▼ 회사명 ▼ 보고서명 ▼		
1	코 비덴트	주요사항보고서(유상증자결정)	비덴트	2017.08.31	
2	코 비덴트	기타시장안내 (주권 상장유지 결정 및 매매거래정지 해제)	코스닥시장본부	2017.08.30	코
3	코 비덴트	주권매매거래정지해제 (상장폐지 사유 해소)	코스닥시장본부	2017.08.30	코
4	코 비덴트	[기재정정]분기보고서 (2017.03)	비덴트	2017.08.25	
5	코 비덴트	[기재정정]사업보고서 (2016.12)	비덴트	2017.08.23	연
6	코 비덴트	[기재정정]감사보고서제출	비덴트	2017.08.23	코
7	코 비덴트	[기재정정]매출액또는손익구조30%(대규모법인은 15%)이상변동	비덴트	2017.08.23	코
8	코 비덴트	기타시장안내 (개선계획 이행내역서 제출에 따른 안내)	코스닥시장본부	2017.08.09	코
9	코 비덴트	기타시장안내 (개선기간 종료에 따른 상장폐지 여부 결정 안내)	코스닥시장본부	2017.07.31	코
10	코 비덴트	전환사채(해외전환사채포함)발행후만기전사채취 득 (제4회차)	비덴트	2017.07.03	코
11	코 비덴트	[기재정정]주요사항보고서(주권관련사채권양도결 정)	비덴트	2017.06.22	
12	코 비덴트	전환사채(해외전환사채포함)발행후만기전사채취 득 (제4회차)	비덴트	2017.06.21	코
13	코 비덴트	주식등의대량보유상황보고서(일반)	이니셜 1호 투…	2017.06.12	
14	코 비덴트	임원·주요주주특정증권등소유상황보고서	이니셜 1호 투…	2017.06.12	
15	코 비덴트	전환사채(해외전환사채포함)발행후만기전사채취 득 (제4회차)	비덴트	2017.05.10	코

출처: 금융감독원 전자공시 시스템

그렇다면 우리 투자자들은 어떻게 대응해야 하는가?

일단 조급해하지 말자. 상장폐지로 결정이 날 수도 있으므로 욕심부려서는 안 된다. 여유로운 마음가짐으로 2017년 8월 1일부터 8월 22일까지 하루 장 개장 전과 장 마감 이후 공시를 매일 확인해야 한다. 물론 경우에 따라 결정 종료일이 8월 22일 이후가 될 수도 있다. 그래 봐야 대부분 그리 오래 걸리지 않는다.

[도표 5-26] 비덴트 상장유지 결정 공시 내용

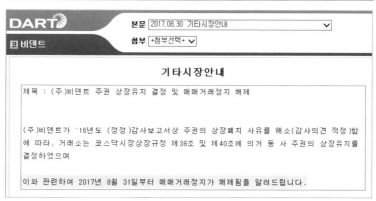

출처: 금융감독원 전자공시 시스템

[도표 5-27] 비덴트 개선기간 상장유지 결정 이후 주가 흐름

2017.09.04	12,000	▲ 1,750	+17.07%	6,624,837	-10,000	-8,396	107,963	0.58%
2017.09.01	10,250	▲ 1,100	+12.02%	4,321,554	+10,000	+23,326	134,059	0.72%
2017.08.31	9,150	▲ 920	+11.18%	12,920,766	-4,022	+14,000	111,433	0.60%

출처: 네이버 금융

(4) 2017년 8월 30일 상장폐지 사유 해소 & 거래정지 해제

[도표 5-25]과 [도표 5-26]은 비덴트의 상장유지 결정 공시이다. 주가는 이에 화답이라도 하듯 3거래일간 [도표 5-27]에서 보는 것처럼 42% 상승했다.

Q&A

Q : 상장폐지 모면을 미리 알 수는 없는가?

A : 상장폐지 여부를 미리 알기란 불가능에 가깝다. 하지만 길목을 미리 지킬 순 있다. 앞서 예로 든 STX, 비덴트 모두 공시에서 일정을 알려주고 있지 않은가. 따라서 매일 공시 확인하며 길목을 지키면 된다.

Q : 공시에 났다면 이미 늦은 것이 아닌가?

A : 물론 그런 경우도 있으나 의외로 그렇지 않은 경우도 많다. 앞에서 예를 들었던 STX와 비덴트의 경우가 그렇다.

투자유치

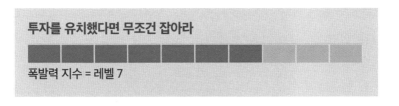

기본정석

개인이나 기업으로부터 투자를 받는 것을 말한다. 투자를 받는다는 것은 대규모 자금이 유입된다는 의미이다. 그 자금은 설비증설, 대규모 인력 채용, 마케팅 강화 등 매출과 영업이익의 증대나 차입금, 회사채 상환 등의 재무구조 개선에 사용되어 기업을 성장시키는 견인차 역할을 할 것이 분명하다. 따라서 주가 또한 상승한다.

【예제 1】 이월드

놀이공원을 운영 중인 이랜드그룹 계열사 중 '이월드'가 있다. 이 기업의 주가가 2014년에 무려 6거래일 연속 상한가를 기록한 적이 있다. 주가 폭등의 견인 역할을 한 것은 중국의 '완다그룹'이었다.

완다그룹은 유통, 부동산, 레저 전문기업으로 중국 내 3위의 여행사를 계열사로 두고 있다. 이랜드는 2014년 6월 10일 완다그룹과 리조트, 호텔, 테마 도시 등 레저사업에 대한 투자합의서를 체결했다. 이는 이랜드그룹 내 레저사업과 연관이 깊은 이월드가 투자유치로 인한 수혜를 입을 수 있다는 기대감으로 이어졌다. 한 마디로 중국 완다그룹의 투자유치 소식이 [도표 6-1]에서 보는 것처럼 이월드의 주가 폭등을 낳았다.

[도표 6-1] 중국 완다그룹 투자유치 후 이월드 주가 흐름 차트

출처: 네이버 금융

【예제 2】 동양증권

2014년 동양증권(지금의 유안타증권)이 온 나라를 떠들썩하게 만들었다. 모기업인 ㈜동양이 발행한 회사채와 자산담보부 기업어음을 판매했는데 이것이 부도가 났다. 동양그룹은 법정관리를 신청했고, 이 금융상품을 샀던 수천 명의 투자자는 피눈물을 흘렸다.

같은 해 2014년 대만의 유안타그룹이 동양증권을 약 3,000억에 인수해 최대주주로 등극했다. 한 마디로 대만계 자본에 넘어간 것이다.

얼마 후 유안타그룹 허밍헝 회장은 앞으로 2,000억에서 3,000억을 유안타증권에 투자하겠다고 발표했다. 이것은 유안타증권에 엄청난 호재였다. 여기에 한술 더 떠 허밍헝 회장은 배당도 늘리겠다고 했다. 이 겹호재 덕분에 유안타증권의 주가는 [도표 6-2]에서 보는 것처럼 14거래일 만에 거의 2배 가까이 상승했다.

[도표 6-2] 유안타그룹 투자유치 후 동양증권 주가 흐름 차트

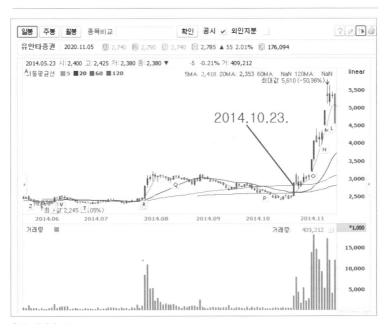

출처: 네이버 금융

【예제 3】도레이케미칼

'도레이케미칼의 1조 원 투자 소식에 52주 신고가를 경신했다!'
일본 도레이는 2017년 10월 19일 열린 간담회에서 2020년까지 한국에 1조 원을 투자해 한국 도레이그룹의 연 매출을 지난해 2조 8000억 원에서 2020년까지 5조 원으로 끌어올리겠다고 발표했다.

도레이케미칼 주가는 19일 1,674주에 불과하던 거래량이 다음 날인 20일에는 50만 주 가까이 폭발적으로 거래량이 늘어나며 장 중 상한가를 기록하는 등 급등했다. 장 초반에는 24,600원까지 오르며 연중 최고가를 새로 쓰기도 했다. 대규모 투자 소식에 거의 2년 반 동안 움직이지 않던 주가가 크게 움직인 것이다.

[예제 4] 삼성바이오로직스

삼성그룹은 2018년 8월 8일, 경제 활성화와 일자리 창출 방안을 발표하면서 4대 미래 성장사업에 25조를 투자한다고 발표했다. 삼성전자를 비롯한 삼성그룹 주요 계열사가 집행하는 투자 외그룹 차원에서 인공지능[AI], 5세대[5G] 통신, 바이오, 전장부품 등 4대미래 성장사업에 약 25조를 투입해 사내벤처 프로그램의 외부 확대, 산학 협력 규모를 2배로 늘리는 등 투자를 통한 후방 효과도노렸다.

[도표 6-3] 삼성그룹 투자 발표 후 삼성바이오로직스 주가 흐름 차트

출처: 네이버 금융

바이오가 미래 성장사업 중 하나로 꼽히면서 삼성바이오로직스 주가는 대규모 투자를 발표한 8일 이후로 [도표 6-3]에서 보는 것처럼 3거래일간 약 10% 급등을 보였다.

인적분할

회사를 쪼갠다면 분할 비율을 따져라

폭발력 지수 = 레벨 7

기본정석

M&A 반대 개념인 인적분할은 말 그대로 하나의 회사를 2개로 나누는 것이다. 이러한 기업분할에는 물적 분할도 있다.

물적분할과 인적분할의 차이는 새로 만들어지는 회사의 주식을 누가 어떻게 갖느냐에 있다. 물적분할은 기존의 회사 내에 있던 특정 사업부를 별도로 떼어내 법인 형태로 새로 만드는 것이다. 이 경우 신설되는 법인의 주식은 기존의 회사가 모두 갖는다.

반면 인적분할은 신설되는 법인의 주식을 기존 회사의 주주들이 기존의 지분율대로 똑같이 갖는다. 만약 A라는 기존 회사의 주주가 지분율이 50%였다면 신설되는 법인의 주식도 전체 주식의 50%를 갖는 식이다. 그러므로 A 회사 주주는 기존 회사의 주식과 신설되는 법인의 주식 둘 다 갖게 되는 것이다.

[예제 1] BGF리테일

이해를 돕기 위해 편의점 CU로 유명한 BGF리테일의 사례를 들어 보겠다. 2017년 6월 8일 BGF리테일은 인적분할을 발표했다. 인적분할을 하면 보통 일정 기간 거래가 정지된 후 분할이 완료되는 시점에서 두 개의 회사를 모두 다시 상장한다. 상장한 후의 주가 흐름을 보면 보통 사업회사의 주가는 상승하고 지주회사의 주가는 하락한다.

그런데 BGF리테일의 주가는 분할 재상장 전 즉, 인적발표를 한 직후부터 4거래일 동안 17% 하락했다. 그 이유는 분할 비율에 있었다. 하나의 회사(1주)를 2개로 쪼개는데 각각 몇 대 몇의 비율로 쪼개는가 하는 것이 분할 비율이다. BGF리테일은 지주회사 대 사업회사 분할 비율을 0.65 대 0.35로 결정했다. 지주회사(BGF)의 가치를 사업회사(BGF리테일)의 가치보다 더 높게 책정했다.

사업회사인 BGF리테일은 그룹의 주력인 편의점사업과 직결된 계열사들을 거느리고 있는 반면 지주회사인 BGF는 사우스스프링스 등 편의점사업과는 직결되지 않는 계열사들을 거느리고 있었다. 그런데 인적분할을 하면서 2017년 3월 말 기준 순자산 장부가액(구체적으로 현금자산)을 바탕으로 분할 비율을 정했다. 그러다 보니 지주회사의 가치가 더 높게 평가되어 0.65 대 0.35라는 분할 비율이 나왔다.

이러한 분할 비율로 인해 다시 상장되면 고평가된 지주회사의 주가는 하락하고 저평가된 사업회사의 주가는 상승해 결국 손해를 볼 수 있다는 우려감이 주가를 끌어 내렸다.

그렇다면 실제로 재상장된 후 주가 흐름은 어땠을까? 예상대로였다. 다시 상장한 첫날 사업회사인 BGF리테일은 [도표 7-1]에

[도표 7-1] 인적분할 이후 다시 상장한 당일의 BGF리테일 주가 흐름

| 외국인 · 기관 순매매 거래량 | | | | | 기관 | | 외국인 | |
날짜	종가	전일비	등락률	거래량	순매매량	순매매량	보유주수	보유율
2017.12.27	212,500	▼ 6,500	-2.97%	19,265	-3,541	+4,608	6,398,766	37.02%
2017.12.26	219,000	▼ 500	-0.23%	19,031	+7,541	+2,546	6,395,958	37.01%
2017.12.22	219,500	▼ 1,000	-0.45%	21,824	+1,037	+875	6,397,720	37.02%
2017.12.21	220,500	▼ 5,000	-2.22%	48,028	+3,568	+1,798	6,391,413	36.98%
2017.12.20	225,500	▼ 1,500	-0.66%	43,299	+6,059	-1,004	6,393,995	36.99%
2017.12.19	227,000	▼ 11,000	-4.62%	37,388	+1,050	-214	6,403,851	37.05%
2017.12.18	238,000	▲ 1,500	+0.63%	25,868	+436	+4,231	6,404,065	37.05%
2017.12.15	236,500	▲ 2,500	+1.07%	63,106	+6,755	+10,006	6,402,229	37.04%
2017.12.14	234,000	▼ 1,000	-0.43%	118,532	+32,680	-5,903	6,392,223	36.98%
2017.12.13	235,000	0	0.00%	94,609	+16,968	-5,040	6,402,211	37.04%
2017.12.12	235,000	▼ 13,500	-5.43%	286,513	+38,503	+8,726	6,424,750	37.17%
2017.12.11	248,500	▲ 54,500	+28.09%	684,631	+15,424	+105,921	6,415,802	37.12%
2017.12.08	194,000	↑ 44,500	+29.77%	68,343	-17,830	+467	6,297,276	36.43%

출처: 네이버 금융

날짜	종가	전일비	등락률	거래량	기관 순매매량	외국인 순매매량	보유주수	보유율
2017.12.19	14,500	▼ 550	-3.65%	1,796,923	+55,140	-89,573	4,729,085	14.66%
2017.12.18	15,050	▼ 200	-1.31%	1,393,815	-1,134	-103,657	4,820,658	14.94%
2017.12.15	15,250	▲ 50	+0.33%	2,557,134	+80,106	-402,842	4,840,545	15.00%
2017.12.14	15,200	▼ 150	-0.98%	3,171,751	+17,939	-767,997	5,261,521	16.31%
2017.12.13	15,350	▼ 1,050	-6.40%	4,748,942	+56,385	-1,598,961	6,010,430	18.63%
2017.12.12	16,400	▼ 3,600	-18.00%	9,114,464	+40,772	-3,951,523	7,635,534	23.67%
2017.12.11	20,000	↓ 8,550	-29.95%	260,696	+12,503	-29,237	11,587,477	35.91%
2017.12.08	28,550	↓ 12,200	-29.94%	272,952	-22,947	-144,121	11,602,714	35.96%
2017.12.07	79,100	0	0.00%	0	0	0	11,740,323	36.39%
2017.12.06	79,100	0	0.00%	0	0	0	18,024,786	36.38%
2017.12.05	79,100	0	0.00%	0	0	0	18,024,786	36.38%
2017.12.04	79,100	0	0.00%	0	0	0	18,024,786	36.38%
2017.12.01	79,100	0	0.00%	0	0	0	18,024,786	36.38%

출처: 네이버 금융

서 보는 것처럼 상한가를 기록했다. 반면 지주회사인 BGF는 [도표 7-2]에서 보는 것처럼 하한가를 기록했다. 이것은 너무나도 불을 보듯 뻔히 예견된 일이었다. 현명한 트레이더라면 사업회사인 BGF리테일을 트레이딩했을 것이다.

▶ Q&A

Q : 인적분할은 왜 하는가?

A : 우회상장을 원할 때 이용한다. 비상장기업이 상장기업을 합병한 후 인적분할을 하는 것이다. 이렇게 하면 인수한 기업이나 인수당한 기업 둘 다 상장이 가능해진다.

또 다른 경우는 지배구조를 투명하게 하기 위함이다. 하나의 회사를 지주회사와 사업회사로 쪼개는 것이다. 실제로 인적분할을 하는 대부분이 여기에 속한다.

Q : 인적분할이 주가에 미치는 영향은?

A : 꼭 그렇다고 할 수는 없지만 주가가 상승하는 경우가 많다. 지주회사보다는 사업회사의 주가가 상승하는 경우가 대부분이다. 대주주 입장에서 지주회사의 지분을 많이 갖고 있어야 그룹 전체의 지배력을 높일 수 있다. 이를 위해 새로 갖게 된 사업회사의 주식을 지주회사에 출자하고 지주회사의 신주(새로 발행되는 주식)를 받는다. 사업회사의 주가가 높아야 신주를 한 주라도 더 많이 받을 수 있기 때문이다

【Note】

인적분할을 하면 일반적으로 지주회사의 주가는 하락하고 사업회사의 주가는 상승한다.

인적분할 시 분할 비율을 체크하라!

앞의 사례처럼 핵심 사업회사의 분할 비율이 낮게 책정되었다면 매수하라!

【연습문제】

유가공업체로 유명한 매일유업이 2016년 11월 22일 지주사 전환을 위해 회사를 지주회사(매일홀딩스)와 사업회사(매일유업)로 분할하며 본업인 유가공업은 사업회사에 두고 본업과 무관한 자회사는 지주회사에 두기로 했다고 공시했다. 다음 날 주가 움직임은 어떠했을까?

참고로 분할 비율은 0.47(매일홀딩스) 대 0.53 (매일유업)이다.

① 상승

② 하락

▶정답 : ①

▶해설

주가는 4.48% 상승으로 마감했다. 여기서 핵심은 주요 매출원인 유가공업을 사업회사에 두고 본업과 무관한 자회사는 지주회사에 두기로 했다는 점이다. 본업과 무관한 자회사로는 유아용품 기업인 제로투세븐과 커피전문점 폴바셋을 운영 중인 엠즈씨드 등이 있었다. 매일유업은 식품기업이나 다양한 사업을 벌이는 자회사들로 인해 역량이 분산되고 있다는 우려가 지배적이었다. 그런데 이번 인적분할을 통해 본업과 무관한 자회사는 지주회사에 둠으로써

선택과 집중을 통한 매출 증대 효과를 가져올 수 있다는 기대감이 높아졌기 때문이다.

★ 인적분할 관련 체크 포인트

1. 인적분할 공시 후부터 거래정지일까지 기간

재료에 의한 단기 반짝 상승에 그칠 확률이 높다.

2. 분할 후 재상장(거래재개) 이후부터의 기간

진짜로 주가 상승 랠리가 펼쳐질 가능성이 높다. 중장기적으로 봤을 때 분할 이후 시너지 효과가 나타날 가능성이 크다. 그러므로 반드시 분할 비율, 알짜 자회사가 어느 쪽으로 갔는지, 거래정지 동안 업황 변화를 체크하자.

지분가치 상승

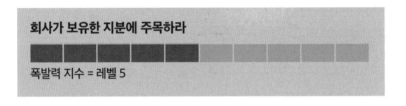

회사가 보유한 지분에 주목하라

폭발력 지수 = 레벨 5

기본정석

지분의 가치가 상승하는 경우다. A 기업이 B 기업의 주식을 소유하고 있는데 어떠한 이유로 인해 B 기업 주식 가치가 상승하는 경우를 말한다. B 기업이 현재 비상장사인데 조만간 상장하기로 결정이 났다든가, 혹은 B 기업의 실적이 대폭 개선되어 사상 최대 실적이 예상된다거나 M&A 경우 등을 이유로 들 수 있다.

【예제 1】카카오

모두 알겠지만 2017년 대한민국에는 암호화폐(비트코인) 광풍이 몰아닥쳤다. 비트코인 가격이 2,000만 원에 육박할 정도였으며 자고 나면 여기저기서 떼돈을 벌었다는 얘기들이 마치 무용담처럼 들려왔다. 이 분위기를 타고 약 1,300여 종의 암호화폐들이 쏟아져 나왔다. 암호화폐 거래소들도 우후죽순으로 생겨났다.

그중 국내 최대임을 자랑하는 거래소 '업비트'는 '두나무'라는 회

[도표 8-1] 7거래일간 카카오 주가 흐름 차트

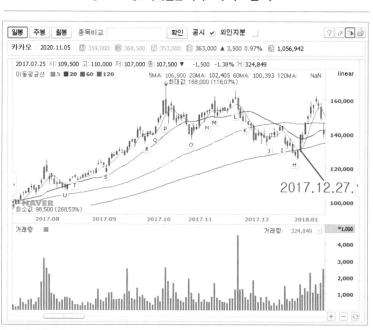

출처: 네이버 금융

사에서 운영한다. 이 회사의 주식을 카카오가 약 25% 보유 중이라는 사실이 알려지면서 카카오 주가가 급등했다. 여기에 기름 붓듯 유진투자증권은 카카오의 보유지분 가치를 약 3조 3,852억으로 평가했다. 이에 카카오 주가는 [도표 8-1]에서 보는 것처럼 7거래일 동안 약 24% 상승했다.

【예제 2】 현대중공업지주(구 현대로보틱스)

현대중공업지주는 현대중공업그룹의 지주회사로 인적분할의 우여곡절 끝에 탄생했다. 그런데 이 회사 주가가 2017년 연말부터 2018년 초 며칠 사이 급등했다. 이유는 2017년 12월 26일 현대중공업지주(당시 현대로보틱스)의 자회사인 현대오일뱅크를 2018년에 상장하기로 결정했다는 공시가 떴기 때문이다.

현대오일뱅크는 알짜배기 기업으로 알려져 있는데 상장이 되면 지분을 보유 중인 현대중공업지주는 상장차익을 볼 것으로 기대되었다. 그로 인해 공시가 난 다음 날부터 [도표 8-2]에서 보는 것처럼 6거래일간 약 18% 주가 상승률을 보였다.

[도표 8-2] 공시 이후 6거래일간 현대중공업지주 주가 흐름 차트

출처: 네이버 금융

[예제 3] 천일고속

천일고속은 고속버스 운송사업체이다. 이 회사의 주가가 [도표 8-3]에서 보는 것처럼 2013년 4월 1일 이후 5거래일간 연속으로 상한가를 기록했다. 내막은 다음과 같다.

현재 서울고속터미널의 주요 주주는 사업 목적상 한진, 한일고속, 천일고속, 중앙고속 등 고속버스사업자들로 구성돼 있다. 천일고속의 터미널 보유지분은 16.67%인 63만 9,426주이다.

신세계 센트럴시티가 서울고속버스터널(천일고속이 지분을 가짐)을 인수하면서 대형 유통그룹발 지역 상권 개발 기대감이 높아진 것이 급등세를 이끌고 있는 것으로 풀이된다. 5일 유가증권 시장에서 천일고속은 전날보다 7800원(14.94%) 오른 6만 원에 거래되고 있다. 지난달 29일 29,950원(종가기준)이던 주가는 신세계의 고속터미널 인수 소식이 전해진 지난 1일 이래 5거래일 만에 6만 원대로 치솟았다.

지난 1일 신세계가 최대주주인 센트럴시티가 서울고속버스터미널 주식 총 383만 6574주 중 148만 6,236주(38.74%)를 인수하자 수혜를 볼 것이라는 기대감이 주가를 끌어올리고 있는 것으로 분석되고 있다.

출처 : 매일경제, 2013. 4. 5

[도표 8-3] 공시 이후 5거래일간 천일고속 주가 흐름 차트

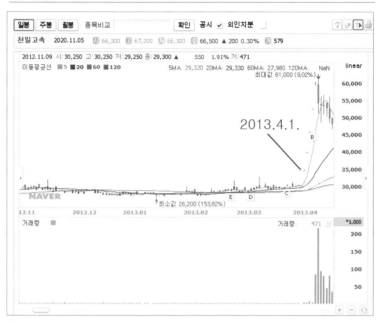

출처: 네이버 금융

투자란 철저한 분석을 통해 원금을 안전하게 지키면서도
만족스러운 수익을 확보하는 것이다. 그렇지 않으면 투기다.

그레이엄

지인반기

기업의 경영에는 기복이 있다. 성장과 후퇴를 반복하며 나아간다. 그 과정에서 지배구조는 회사의 흥망성쇠를 가져오는 중요한 요소이다. 지배구조를 탄탄히 재정비하는 회사에 주목하자. 주식의 가치가 든든해진다. 인수하는 회사보다 인수당하는 회사의 주가가 오른다. 그만큼 성장할 수 있다는 기대감이 크게 작용하기 때문이다. 다른 지역이나 나라에 천재지변이나 악재가 터졌을 때 반사이익으로 매출을 높일 수 있는 기업을 찾아라. 분명 주가가 상승한다. 뿐만 아니라 신기술은 주가를 올리는 비밀병기이다.

지배구조

지배구조가 탄탄해지면 주식은 든든해진다

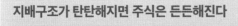

폭발력 지수 = 레벨 7

기본정석

지배구조 관련 호재를 말한다. 여기서 '호재'라 함은 대기업의 계열사로 편입이 된다든지, 오너 일가가 지분을 매입한다거나 최대주주 혹은 2대 주주가 우량한 기업으로 변경되어 지배구조가 개편되는 것을 말한다. 이는 기업의 지배구조가 더욱 탄탄해지는 것을 의미한다.

【예제 1】 마니커_대기업의 지분 참여

CJ제일제당이 닭고기 업체인 마니커에 140억 원을 투자해 2대 주주가 된다. 마니커는 [도표 9-1]과 [도표 9-2]에서 보는 것처럼 CJ제일제당을 대상으로 신주 1,633만 6,056주를 발행하는 제3자 배정 유상증자를 실시해 140억 원을 조달하기로 했다고 2018년 6월 8일에 공시했다. 더불어 [도표 9-3]에서 보는 것처럼 제3자 배정 유상증자 대상자 선정 경위에 대한 공시를 했다.

[도표 9-1] 마니커 제3자 배정 유상증자 결정 공시

회사명 마니커 회사명찾기 ▸ ☑ 최종보고서

기간 20180308 - 20180808 1주일 1개월 6개월 1년 2년 3년 전체 검색

☐ 정기공시 ☐ 주요사항보고 ☐ 발행공시 ☐ 지분공시 ☐ 기타공시 ☐ 외부감사관련 ☐ 펀드공시 ☐ 자산유동화 ☐ 거래소공시 ☐ 공정위공시

조회건수 15 접수일자 ▾ 회사명 ▾ 보고서명 ▾

번호	공시대상회사	보고서명	제출인	접수일자	비고
1	유 마니커	최대주주등소유주식변동신고서	마니커	2018.07.02	유
2	유 마니커	주식등의대량보유상황보고서(일반)	이지홀딩스	2018.07.02	
3	유 마니커	임원 · 주요주주특정증권등소유상황보고서	금호영농조합…	2018.07.02	
4	유 마니커	임원 · 주요주주특정증권등소유상황보고서	CJ제일제당	2018.06.26	
5	유 마니커	주식등의대량보유상황보고서(약식)	CJ제일제당	2018.06.26	
6	유 마니커	주요사항보고서(유상증자결정)	마니커	2018.06.08	
7	유 마니커	분기보고서 (2018.03)	마니커	2018.05.14	
8	유 마니커	타법인주식및출자증권처분결정	마니커	2018.04.09	유
9	유 마니커	사업보고서 (2017.12)	마니커	2018.03.30	연
10	유 마니커	사외이사의선임 · 해임또는중도퇴임에관한신고	마니커	2018.03.26	
11	유 마니커	정기주주총회결과	마니커	2018.03.26	유

출처 : 금융감독원 전자공시 시스템

[도표 9-2] 마니커 제3자 배정 유상증자 결정 공시 내용

DART 마니커

본문 2018.06.08 주요사항보고서(유상증자결정)

첨부 +첨부선택+ 다운로드

문서목차

주요사항보고서 / 거래소 신고의드

유상증자 결정

유상증자 결정

1. 신주의 종류와 수	보통주식 (주)	16,336,056
	기타주식 (주)	-
2. 1주당 액면가액 (원)		500
3. 증자전 발행주식총수 (주)	보통주식 (주)	116,725,477
	기타주식 (주)	-
4. 자금조달의 목적	시설자금 (원)	-
	운영자금 (원)	13,999,999,992
	타법인 증권 취득자금 (원)	-
	기타자금 (원)	-
5. 증자방식		제3자배정증자

※ 기타주식에 관한 사항

정관의 근거	-
주식의 내용	-
기타	-

6. 신주 발행가액	보통주식 (원)	857
	기타주식 (원)	-

출처 : 금융감독원 전자공시 시스템

[도표 9-3] 마니커 제3자 배정 유상증자 대상자 선정 경위 공시

【제3자배정 대상자별 선정경위, 거래내역, 배정내역 등】

제3자배정 대상자	회사 또는 최대주주와의 관계	선정경위	증자결정 전후 6월이내 거래내역 및 계획	배정주식수 (주)	비 고
씨제이제일제당 주식회사	-	회사의 경영상 목적 달성 및 투자자의 주금납입능력등을 고려하여 이사회에서 최종선정함	해당사항 없음	16,336,056	전매제한 조치 (한국예탁결제원 1년간 보호예수)

출처 : 금융감독원 전자공시 시스템

[도표 9-4] 유상증자 공시 이후 마니커 주가 흐름

외국인 · 기관 순매매 거래량					기관		외국인	
날짜	종가	전일비	등락률	거래량	순매매량	순매매량	보유주수	보유율
2018.06.27	1,285	▲ 40	+3.21%	76,670,003	-129,904	-107,850	231,167	0.20%
2018.06.26	1,245	▼ 215	-14.73%	49,777,722	+46,481	+63,520	224,009	0.19%
2018.06.25	1,460	▼ 165	-10.15%	96,939,525	+94,736	-68,775	148,181	0.13%
2018.06.22	1,625	↑ 375	+30.00%	150,901,259	-53,673	-250,308	151,938	0.13%
2018.06.21	1,250	▲ 45	+3.73%	18,692,728	+61	+84,995	395,246	0.34%
2018.06.20	1,205	▼ 5	-0.41%	42,842,309	-69,903	-534,795	294,314	0.25%
2018.06.19	1,210	▲ 90	+8.04%	119,540,397	-180,356	-182,165	824,962	0.71%
2018.06.18	1,120	▼ 65	-5.49%	16,375,073	-83,530	-145,517	857,127	0.73%
2018.06.15	1,185	▼ 70	-5.58%	54,894,429	-115,737	+100,136	1,002,644	0.86%
2018.06.14	1,255	▼ 225	-15.20%	68,089,670	-295,719	-1,466,518	912,508	0.78%
2018.06.12	1,480	↑ 340	+29.82%	26,151,326	-150,473	-124,575	2,430,026	2.08%
2018.06.11	1,140	↑ 260	+29.55%	5,375,068	-232,720	+100	2,613,973	2.24%
2018.06.08	880	▲ 12	+1.38%	1,945,895	-19,114	-150,763	2,583,873	2.21%
2018.06.07	868	▲ 13	+1.52%	1,506,751	-43,199	+253,708	2,734,636	2.34%
2018.06.05	855	▼ 15	-1.72%	1,713,640	-5,433	+132,192	2,480,928	2.13%
2018.06.04	870	▲ 30	+3.57%	4,793,197	-199,598	-32,111	2,348,736	2.01%
2018.06.01	840	▲ 18	+2.19%	1,272,369	-64,787	+71,784	2,380,847	2.04%
2018.05.31	822	▲ 13	+1.61%	782,742	-9,434	+104,976	2,309,063	1.98%
2018.05.30	809	▼ 11	-1.34%	657,649	+976	-34,845	2,204,087	1.89%
2018.05.29	820	▼ 23	-2.73%	1,019,472	-19,926	-225,384	2,238,932	1.92%

출처 : 금융감독원 전자공시 시스템

【Advice】

유상증자란 쉽게 말해 돈을 받고 새로 주식을 발행해 파는 것을 말한다.

일반적으로 유상증자를 하면 보통 주가가 하락한다. 유상증자로 주당 순이익EPS 즉, 주식 1주가 벌어들인 순이익이 감소하기 때문이다. 예를 들어 A사가 발행한 총 주식이 1,000주이고 순이익이 1억이라면 주당 순이익은 1억 ÷ 1,000주 = 10만 원, EPS는 10만 원이 된다. 그런데 이 회사가 유상증자를 통해 추가로 1,000주를 더 발행한다면 주당 순이익은 1억 ÷ 2,000주 = 5만 원, 즉 절반으로 줄어든다. 이는 투자자 입장에서 별로 달갑지 않은 일이다.

이런 유상증자 공시에도 불구하고 마니커 주가는 [도표 9-4]에서 보는 것처럼 왜 6월 11일과 6월 12일 이틀간 약 60%가 상승했을까? 그것은 CJ제일제당이라는 대기업이 무려 140억 원을 투자해 2대 주주가 되었기 때문이다. 이는 주당 순이익 감소를 덮어버릴 만큼 강력한 호재로 작용했다. 따라서 유상증자가 모두 악재로 작용하는 것은 아니니 옥석을 구분할 수 있는 판단력이 필요하다.

【예제 2】 코렌텍_오너 일가의 지분 매입

코렌텍은 의료용 관절 생산기업이다. 이 기업은 대표이사로 인해 증시에서 유명세를 탄 적이 있다. 대표이사 선두훈은 정몽구 현대자동차그룹 회장의 사위이자 정몽구 회장의 딸인 정성이 이노션 고문의 남편이다.

2014년 10월 1일 [도표 9-5]와 [도표 9-6]에서 보는 것처럼 오너가의 지분 매입 공시를 했다.

의료용 관절 생산업체 코렌텍(104540)이 현대차 오너가의 지분 매입 소식에 상한가를 쳤다. 코렌텍은 10일 오전 9시 25분 현재 전일 대비 15% 오른 17,250원에 거래되고 있다.

코렌텍의 최대주주는 정몽구 현대차(005380)그룹 회장의 사위인 선두훈 대표이사로 9.49%를 보유 중이다. 선 대표는 지난 1일 부인 정성이 이노션 고문에게 9만 주(1.38%)를 매도한 바 있다. 정 고문의 지분율은 7.11%다. 또한 현대위아(011210)도 코렌텍의 지분 4.04%를 보유하고 있다.

출처 : 이데일리, 2014.10.10

[도표 9-5] 코렌텍 오너일가의 지분 매입 공시

출처 : 금융감독원 전자공시 시스템

[도표 9-6] 코렌텍 오너일가의 지분 매입 공시 내용

발행주식 총수 (J)	주식외 특정증권등의 수 (B+C+D+E+F+G+H=I)	소유비율(%)	
		특정증권등의 소유비율 [A+ / J+-(F+G+H) ×] × 100	주권의 소유비율 (A / J) × 100
8,245,561	0	9.49	9.49

※ 교환대상이 주식인 교환사채권 및 기초자산이 주식인 증권예탁증권, 파생결합증권 등에 한하여 분모에서 제외하고 소유비율을 산정

다. 세부변동내역

보고사유	변동일*	특정증권등의 종류	소유 주식 수 (주)			취득/처분 단가(원)**	비고
			변동전	증감	변동후		
장외매도(-)	2014년 10월 01일	보통주	872,229	-90,000	782,229	15,500	정성이
합 계			872,229	-90,000	782,229	15,500	

* 증권시장에서 주식등을 매매한 경우에는 그 결제일
** 주식 외의 증권의 경우 해당 증권의 행사(전환·교환)가액 또는 해당 증권의 권리 행사로 취득·처분하는 주식의 매매단가를 의미하며, ( )의 금액은 해당 증권의 매매단가를 의미
※ 매수자 정성이의 소유주식은 본건 거래 전 472,260주 (지분율 5.73%)에서 562,260주 (지분율 6.82%)로 증가하였음. 정성이는 회사의 최대주주인 선두훈의 친인척(처)임.

출처 : 금융감독원 전자공시 시스템

이후 코렌텍은 [도표 9-7]의 주가 흐름 차트에서 보는 것처럼 급등한 적이 있었다. 코렌텍의 최대주주인 선두훈 대표가 자신이 보유 중이던 코렌텍 주식 약 90,000주를 부인인 정성이 고문에게 매도한 것이다. 이로 인해 정 고문의 코렌텍 지분율은 7.11%가 되었다. 여기에 더해 현대위아도 코렌텍 지분 4.04%를 보유 중이었다.

[도표 9-7] 코렌텍 오너일가의 지분 매입 공시 이후 주가 흐름 차트

출처 : 금융감독원 전자공시 시스템

【예제 3】 유진로봇_최대주주 변경

국내 대표 로봇 전문기업 유진로봇이 있다.

2017년 12월 독일 가전업체 밀레로부터 유진로봇이 520억 원을 투자를 받으면서 유진로봇의 최대주주는 [도표 9-8]의 공시를 통해 신경철 회장에서 밀레로 바뀌었다.

[도표 9-8] 유진로봇 최대주주 변경 공시

출처 : 금융감독원 전자공시 시스템

신 회장의 유진로봇 지분은 [도표 9-9]에서 보는 것처럼 밀레와 합작하는 과정에서 설립된 지주사 '유한회사 시만'으로 넘겼다. 신 회장은 시만에 유진로봇 지분을 현물 출자하고 반대로 시만 지분 40%를 받았다.

[도표 9-9] 시만 제3자 배정 유상증자 공시 내용

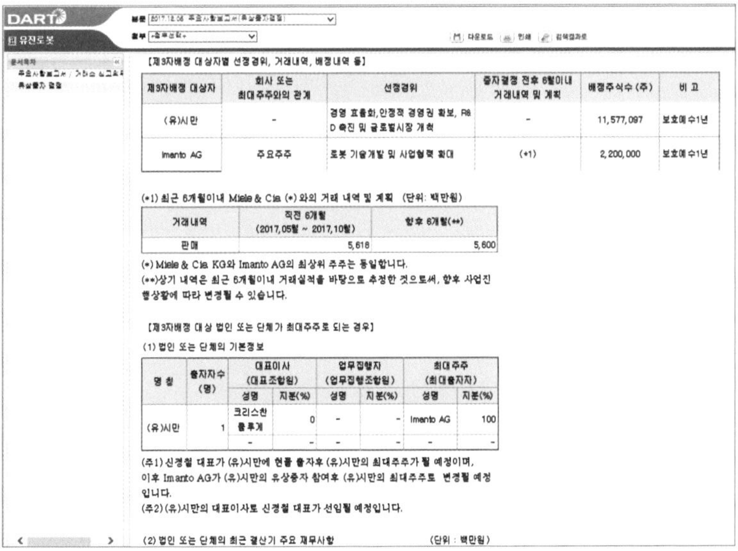
DART

유진로봇

다운로드 인쇄 검색결과로

【제3자배정 대상자별 선정경위, 거래내역, 배정내역 등】

제3자배정 대상자	회사 또는 최대주주와의 관계	선정경위	증자결정 전후 6월이내 거래내역 및 계획	배정주식수 (주)	비 고
(유)시만	-	경영 효율화,안정적 경영권 확보, R&D 촉진 및 글로벌시장 개척	-	11,577,097	보호예수1년
Imanto AG	주요주주	로봇 기술개발 및 사업협력 확대	(*1)	2,200,000	보호예수1년

(*1) 최근 6개월이내 Miele & Cie (*) 와의 거래 내역 및 계획 (단위: 백만원)

거래내역	직전 6개월 (2017,05월 ~ 2017,10월)	향후 6개월(**)
판매	5,618	5,600

(*) Miele & Cie KG와 Imanto AG의 최상위 주주는 동일합니다.
(**)상기 내역은 최근 6개월이내 거래실적을 바탕으로 추정한 것으로써, 향후 사업진행상황에 따라 변경될 수 있습니다.

【제3자배정 대상 법인 또는 단체가 최대주주로 되는 경우】

(1) 법인 또는 단체의 기본정보

명 칭	출자자수 (명)	대표이사 (대표조합원)		업무집행자 (업무집행조합원)		최대주주 (최대출자자)	
		성명	지분(%)	성명	지분(%)	성명	지분(%)
(유)시만	1	크리스찬 룰루게	0	-	-	Imanto AG	100
		-	-	-	-	-	-

(주1) 신경철 대표가 (유)시만에 현물 출자후 (유)시만의 최대주주가 될 예정이며, 이후 Imanto AG가 (유)시만의 유상증자 참여후 (유)시만의 최대주주로 변경될 예정입니다.
(주2) (유)시만의 대표이사로 신경철 대표가 선임될 예정입니다.

(2) 법인 또는 단체의 최근 결산기 주요 재무사항 (단위 : 백만원)

출처 : 금융감독원 전자공시 시스템

이로써 시만은 유진로봇 지분 40%를 보유하게 됐다. 그리고 시만의 60% 지분을 보유하는 밀레가 시만을 통해 유진로봇을 소유하는 구조가 되었다. 밀레가 최대 주주가 되면서 [도표 9-10]과 [표 9-11]에서 보여주는 것처럼 유진로봇의 주가는 물론 해외 진출에도 탄력이 붙을 전망이다.

[도표 9-10] 유진로봇 최대주주 변경 공시 이후 주가 흐름 차트

출처 : 네이버 금융

128

[도표 9-11] 유진로봇 최대주주 변경 공시 이후 주가 흐름

외국인 · 기관 순매매 거래량

날짜	종가	전일비	등락률	거래량	기관 순매매량	순매매량	외국인 보유주수	보유율
2017.12.27	5,490	▲ 410	+8.07%	905,781	+159,181	+2,729	2,654,619	11.38%
2017.12.26	5,080	▼ 100	-1.93%	405,266	-17,370	-30,864	2,651,890	11.36%
2017.12.22	5,180	▲ 90	+1.77%	908,838	+1,731	-17,590	2,693,754	11.54%
2017.12.21	5,090	▼ 40	-0.78%	470,845	0	-40,055	2,711,344	11.62%
2017.12.20	5,130	▲ 300	+6.21%	1,032,431	+48,911	+68,332	2,751,399	11.79%
2017.12.19	4,830	▼ 40	-0.82%	326,112	+1,199	-25,877	2,683,067	11.50%
2017.12.18	4,870	▲ 25	+0.52%	418,054	+6,137	+29,974	2,708,944	11.61%
2017.12.15	4,845	▲ 5	+0.10%	342,516	+5,952	+50,140	2,678,970	11.48%
2017.12.14	4,840	▼ 170	-3.39%	645,817	+5,850	+5,793	2,628,830	11.27%
2017.12.13	5,010	▼ 140	-2.72%	934,386	-32,874	-83,786	2,623,037	11.24%
2017.12.12	5,150	▲ 370	+7.74%	1,272,746	+13,160	+32,449	2,674,823	11.46%
2017.12.11	4,780	▲ 100	+2.14%	550,336	+796	+35,856	2,644,410	11.33%
2017.12.08	4,680	▼ 420	-8.24%	1,505,525	+18,639	+3,551	2,607,054	11.17%
2017.12.07	5,100	▲ 105	+2.10%	5,063,882	+10,337	-145,581	2,601,503	11.15%
2017.12.06	4,995	▲ 600	+13.65%	6,590,660	+9,867	-12,567	2,747,084	11.77%
2017.12.05	4,395	▲ 190	+4.52%	691,356	+9	+50,315	2,759,651	11.83%
2017.12.04	4,205	▲ 170	+4.21%	479,835	+13	+20,044	2,769,336	11.87%
2017.12.01	4,035	▲ 70	+1.77%	157,337	+17	+28,413	2,749,292	11.78%
2017.11.30	3,965	▼ 55	-1.37%	143,151	+23	+6,525	2,720,879	11.66%
2017.11.29	4,020	▲ 50	+1.26%	198,881	+16	+7,103	2,714,354	11.63%

출처 : 네이버 금융

【예제 4】 롯데제과, 롯데칠성, 롯데쇼핑, 롯데푸드 등 롯데그룹 관련주들_지배구조 개편

롯데그룹 주株, 지배구조 개편 기대로 '들썩'

무수히 많은 순환출자 고리와 국적 논란으로 여론의 질타를 받은 롯데그룹 신동빈 회장은 복잡한 순환출자 고리와 국적 논란을 해소하기 위해 지배구조 개편을 암시하는 발언을 쏟아냈다. 이에 따라 증시에서는 신동빈 회장이 지주회사격인 호텔롯데를 상장하는 등 호텔롯데에 대한 지배력을 확대하고 그룹 계열사인 롯데쇼핑, 롯데제과, 롯데칠성, 롯데푸드 등을 투자회사와 사업회사로 인적분할한 뒤 각각의 투자회사를 합병해 순환출자 고리를 해소할 것이라는 전망이 지배적이다. 이에 따라 롯데제과, 롯데칠성, 롯데쇼핑 등이 주가가 급등했다.

【Advice】

1. 최대주주 변경의 경우, 변경되는 최대주주가 기존 사업에 플러스 효과를 가져올 수 있는지 먼저 체크하라. 최대주주가 변경되었다고 해서 주가가 무조건 오르는 것은 아니다.

2. 롯데의 경우 지배구조 개편은 개인 투자자가 다루기 어려운 영역이다. 따라서 지배구조 관련해서는 시간을 두고 공부를 하기 바란다. 지금 당장 이해가 안 가더라도 너무 걱정 마라. 주가 상승 요인에는 지배구조 개편 말고도 수십 가지가 더 있다.

인수합병

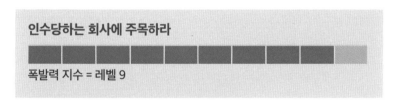

인수당하는 회사에 주목하라

폭발력 지수 = 레벨 9

기본정석

인수합병M&A은 주가 상승의 강력한 모멘텀 중 하나이다. 일반적으로 인수하는 기업의 주가보다는 인수당하는(피인수기업) 기업의 주가가 상승하는 경우가 많다. 물론 사안에 따라서는 인수하는 기업의 주가가 상승하는 경우도 있으나 전체적으로 보면 인수당하는 기업의 주가가 상승하는 경우가 더 많다.

특히, 인수하는 기업이 대기업이라든가 아니면 우량기업이라면 더욱 그렇다. 아울러 기업회생절차(법정관리)를 밟고 있는 기업이

131

우량기업에 팔리는 경우도 마찬가지다. 단, 이 경우 리스크가 크기 때문에 수익에 있어 절대로 욕심을 부려서는 안 된다.

【예제 1】 아이리버(현 드림어스컴퍼니)

아이리버가 SK텔레콤의 인수 검토설에 강세를 보이고 있다.

2014년 6월 2일 오전 9시 7분 현재 아이리버(060570)는 전 거래일보다 325원(13.03%) 오른 2,820원에 거래되고 있다. 장 초반 가격제한폭까지 올라 2,865원을 터치하기도 했다.

업계에 따르면 SK텔레콤은 아이리버 최대주주인 사모펀드 보고펀드에 아이리버 인수의향서[LOI] 제출을 검토하고 있는 것으로 알려졌다. 현재 아이리버 인수전에는 SK텔레콤 이외 일본계 음향기기업체와 국내 사모펀드 등이 관심을 보이는 것으로 전해졌다.

출처 : 스포츠투데이, 2014. 6. 2

증시 격언 중에 "소문에 사서 뉴스에 팔아라!"란 말이 있다.

해석하자면 뉴스에 나올 정도로 재료가 노출되면 이미 늦은 것이니 남들이 모를 때 미리 사서 뉴스나 정보지에 재료가 노출되면 팔고 나오라는 뜻이다. 하지만 일반 투자자가 이 말대로 하기란 쉽지 않다. 아니, 쉽고 어렵고를 떠나 필자는 개인적으로 위 격언에 절대 동의하지 않는다. 격언이 틀렸다는 뜻은 아니다. 단지 맞지 않는 경우가 의외로 많다는 점을 강조하고 싶다. 즉, 재료가 노출된 이후에도 주가가 상승하는 경우는 얼마든지 있다. 지금 예시로 든 아이리버를 보라.

위 기사에서 보듯 SK텔레콤의 아이리버 인수설 얘기가 기사화된 것은 2014년 6월 2일이다. [도표 10-1]에서 보는 것처럼 공시 이후 주가는 계속 상승해 2014년 7월 17일 9,170원까지 상승했다. 어림잡아 약 45일 만에 주가는 약 3배가 상승한 것이다.

[도표 10-1] 2014. 6. 2 공시 이후 아이리버 주가 흐름 차트

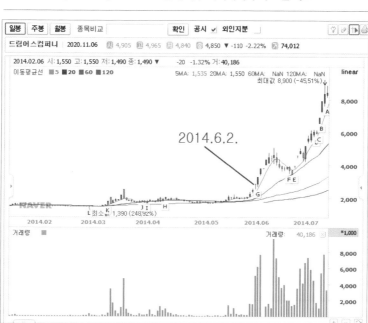

출처 : 네이버 금융

회사별검색

🏠 > 공시서류검색 > 회사별검색

도움말 ?

| 회사명 | 드림어스컴퍼니 | | 회사명찾기 ▶ | ☑ 최종보고서 | |
| 기간 | 20140415 📅 - 20140917 📅 | 1주일 1개월 6개월 1년 2년 3년 전체 | | 검색 🔍 | |

□ 정기공시 □ 주요사항보고 □ 발행공시 □ 지분공시 □ 기타공시 □ 외부감사관련 □ 펀드공시 □ 자산유동화 □ 거래소공시 □ 공정위공시

조회건수 15 ▼   접수일자 ▼   회사명 ▼   보고서명 ▼

번호	공시대상회사	보고서명	제출인	접수일자	비고
16	코 드림어스컴퍼니	주식명의개서정지(주주명부폐쇄)	드림어스컴퍼니	2014.07.07	코
17	코 드림어스컴퍼니	회사합병결정	드림어스컴퍼니	2014.07.07	코
18	코 드림어스컴퍼니	주식등의대량보유상황보고서(일반)	SK텔레콤	2014.06.30	
19	코 드림어스컴퍼니	주식등의대량보유상황보고서(일반)	보고리오투자…	2014.06.30	
20	코 드림어스컴퍼니	최대주주변경을수반하는주식양수도계약체결	드림어스컴퍼니	2014.06.25	코
21	코 드림어스컴퍼니	분기보고서 (2014.03)	드림어스컴퍼니	2014.05.26	

◀◀ ◀ 1 2 ▶ ▶▶   [2/2] [총 21건]

출처 : 금융감독원 전자공시 시스템

　

물론 인수합병 관련 내용은 루머인 경우도 많고, 사실이라 하더라도 막판에 결렬되는 경우도 많아 조심스레 접근해야 한다. 이런 관점에서 백 번 양보해 2014년 6월 2일에 매수하지 않았다고 해도 [도표 10-2]와 [도표 10-3]에서 보는 것처럼 2014년 6월 25일에 또 한 번의 기회가 있었다.

[도표 10-3] 2014. 6. 25 아이리버 최대주주 변경 공시 내용

DART

드림어스컴퍼니

본문 | 2014.06.25 최대주주변경을수반하는주식양수도계약체ⅰ ▼

첨부 | +첨부선택+ ▼

최대주주 변경을 수반하는 주식양수도 계약 체결

1. 계약 당사자	-양도인	유한회사 보고리오투자목 적회사 외 1인	회사와의 관계	최대주주 및 공 동보유자
	-양수인	SK텔레콤(주)	회사와의 관계	-
2. 계약 내역	양수도 주식수(주)			10,241,722
	1주당 가액(원)			2,880.7
	양수도 대금(원)			29,503,148,666
-양수도 대금의 지급일정 및 지급조건 등에 관한 사항	당사의 최대주주인 유한회사 보고리오투자목적회사 와 최대주주의 공동보유자인 KGF-Rio Limited 등 2 인은 (주)아이리버의 보통주 각 8,913,621주, 1,328,101주를 SK텔레콤(주)에게 양도하는 계약을 아래와 같이 체결하였습니다. 1. 계약 체결일 : 2014년 6월 24일 2. 계약 내용 - 총 양수대금 : 29,503,148,666원 - 대금 지급일 : 2014년 8월 13일 이전 (예정일로서 주식매매계약상 선행조건 충족 여부 등에 따라 변경될 수 있음)			

출처 : 금융감독원 전자공시 시스템

135

[도표 10-4] 2014. 6. 25 공시 이후 아이리버 주가 흐름 차트

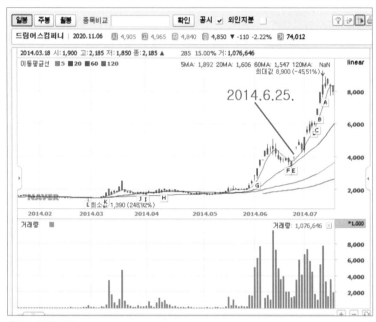

출처 : 네이버 금융

만약 두 번째 기회인 2014년 6월 25일 이후 매수했다면 [도표 10-4]에서 보는 것처럼 공시 이후 주가 흐름에서 알 수 있듯 수익이 났다. 따라서 제발 다음과 같은 평계 대지 말자!

"일반 투자자는 정보가 없어서 안 돼!"

정보가 없어서 안 되는 것이 아니라 부지런함이 없어서 안 되는 것이다!

【예제 2】 정산애강(구 애강리메텍)

박연차 회장으로 유명세를 탄 태광실업이 코스닥 상장사 애강리메텍을 인수한다. 제3자 배정 유상증자를 통해 지분 70%를 확보하면서 경영권 인수 수순을 밟을 것으로 보인다. 22일 애강리메텍(022220)은 운영자금 확보를 위해 280억 3,477만 원 규모의 제3자 배정 유상증자를 결정했다고 공시했다. 발행 대상자는 태광실업이다. 배정 주식 수는 2,046만 3,338주로 이는 전체 발행 주식 수의 70% 수준이다. 신주발행가액은 1,370원이며, 납입일은 오는 7월 1일이다.

이번 유상증자로 태광실업은 전체 70% 지분을 확보하면서 이후 경영권을 인수하는 수순을 밟을 것으로 전망된다.

출처 : 이데일리, 2014. 5. 22

23일 오전 9시 5분 현재 애강리메텍은 전날보다 14.98% 오른 1,880원에 거래되고 있다. 전날 애강리메텍은 운영자금 확보를 위해 태광실업을 대상으로 280억 3,477만 원 규모 제3자 배정 유상증자를 결정했다고 공시했다. 배정 주식 수는 2,046만 3,338주로 이는 전체 발행 주식 수의 70% 수준에 해당한다. 신주발행가액은 1,370원이며, 납입일은 7월 1일로 예정됐다.

출처 : 이데일리, 2014. 5. 23

[도표 10-5] 정산애강 유상증자 결정 공시

출처 : 금융감독원 전자공시 시스템

[도표 10-6] 정산애강 제3자 배정 유상증자 결정 공시 내용

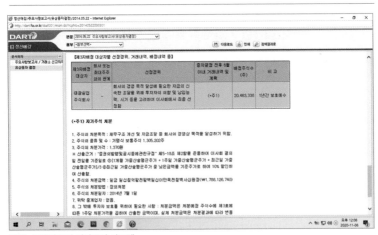

출처 : 금융감독원 전자공시 시스템

[도표 10-7] 정산애강 제3자 배정 유상증자 공시 이후 주가 흐름 차트

출처 : 네이버 금융

2014년 5월 22일 [도표 10-5]와 [도표 10-6]에서 보는 것처럼 애강리메텍은 제3자 배정 유상증자를 한다고 공시를 했다.

주가는 이에 화답하듯 [도표 10-7]에서 보는 것처럼 2014년 5월 22일부터 3거래일 연속 상한가를 포함 10거래일간 약 55%의 주가 상승률을 보였다.

【예제 3】 KR모터스(구 S&T모터스)

S&T모터스 주가가 코라오홀딩스의 장외 지분인수 소식에 급등했다.

2014년 3월 20일 상장기업인 S&T모터스는 전날보다 26(4.55%)원 오른

598원에 장을 마감했다. 전날 오세영 코라오홀딩스 회장과 코라오홀딩스

가 장외에서 S&T모티브로부터 S&T모터스 지분 32.09%를 주당 835.5원

에 샀다고 공시한 영향이 큰 것으로 분석된다.

이륜차를 제조하는 S&T모터스의 최대주주는 오 회장과 코라오홀딩스가 됐

으며, 이들은 S&T모터스 지분을 각각 16.05%, 16.04%를 보유하고 있다.

출처 : 매일경제, 2014. 3. 20

[도표 10-8] KR모터스 최대주주 변경 공시

조회건수 15 ▼   접수일자 ▼   회사명 ▼   보고서명 ▼

번호	공시대상회사	보고서명	제출인	접수일자	비고
16	유 KR모터스	임원·주요주주특정증권등소유상황보고서	오세영	2014.03.19	
17	유 KR모터스	최대주주등소유주식변동신고서(최대주주변경시)	KR모터스	2014.03.19	유
18	유 KR모터스	최대주주변경	KR모터스	2014.03.19	유
19	유 KR모터스	임원·주요주주특정증권등소유상황보고서	S&T모티브	2014.03.19	
20	유 KR모터스	주식등의대량보유상황보고서(일반)	S&T모티브	2014.03.19	
21	유 KR모터스	사외이사의선임·해임또는중도퇴임에관한신고	KR모터스	2014.03.19	
22	유 KR모터스	감사·감사위원회위원중도퇴임	KR모터스	2014.03.19	유
23	유 KR모터스	정기주주총회결과	KR모터스	2014.03.19	유
24	유 KR모터스	지배회사의주요종속회사탈퇴	KR모터스	2014.03.11	유
25	유 KR모터스	감사보고서제출	KR모터스	2014.03.11	유
26	유 KR모터스	거래처와의거래중단	KR모터스	2014.03.11	유
27	유 KR모터스	[기재정정]해산사유발생(종속회사의주요경영사항)	KR모터스	2014.03.11	유
28	유 KR모터스	주식등의대량보유상황보고서(일반)	오세영	2014.03.07	
29	유 KR모터스	주식등의대량보유상황보고서(일반)	S&T모티브	2014.03.07	
30	유 KR모터스	주주총회소집공고	KR모터스	2014.03.04	

출처 : 금융감독원 전자공시 시스템

[도표 10-9] KR모터스 최대주주 변경 공시 내요

DART 본문 [2014.03.19 최대주주변경 ✔]

🚗 KR모터스 첨부 [+첨부선택+ ✔]

최대주주 변경

1. 변경내용	변경전	최대주주등	S&T모티브(주)	
		소유주식수(주)		38,300,539
		소유비율(%)		32.09
	변경후	최대주주등	오세영외 1인	
		소유주식수(주)		38,300,539
		소유비율(%)		32.09
2. 변경사유			주식양수도 계약에 따른 최대주주 변경	
3. 지분인수목적			경영권 확보	
-인수자금 조달방법			자기자금	
-인수후 임원 선·해임 계획			금번 2014년 3월 19일에 개최된 제53기 정기주주총회에서 변경후 최대주주가 추천하는 자로 신규 이사 및 감사 선임함	
4. 변경일자			2014-03-19	
5. 변경확인일자			2014-03-19	
6. 기타 투자판단과 관련한 중요사항			- 변경된 최대주주의 특수관계자(코라오홀딩스)의 재무상태(최근 사업연도말 기준) 자본금 : 10,282,560천원 자산총액 :142,648,802천원 부채총액 :27,404,120천원 자본총액 :115,244,682천원	
			※관련공시 -	

출처 : 금융감독원 전자공시 시스템

2014년 5월 22일 [도표 10-8]과 [도표 10-9]에서 보는 것처럼 S&T모터스는 코라홀딩스와 주식 양도 체결에 따른 최대주주 변경 공시를 했다. 주가는 이에 화답하듯 [도표 10-10]에서 보는 것처럼 상승세를 보였다.

[도표 10-10] KR모터스 최대주주 변경 공시 이후 주가 흐름 차트

출처 : 금융감독원 전자공시 시스템

【예제 4】남광토건_매각설

[도표 10-11]에서 보는 매각설 호재에 따른 남광토건 사례는 참고만 하기 바란다.

2013년 5월 28일 코스피에서 법정관리 중인 남광토건(35,700원)은 상한가에 마감했다.

5월 들어 남광토건 주가는 한 번의 하락을 제외하곤 연일 급등세를 보였다. 법정관리 건설사 주가의 상승은 M&A 호재 때문으로 분석된다.

벽산건설은 최근 한영회계법인을 매각 주관사로 선정하고 매각공고를 내는 등 본격적인 매각 절차에 돌입했고, 남광토건도 올해 안에 매각을 추진할 계획이다.

출처 : 머니투데이 2013. 5. 28

법정관리 중인 기업은 그 자체로서 매우 위험하다는 사실에 주의하자. 주가의 변동성이 매우 크므로(급등락을 반복한다) 절대로 욕심을 부려서는 안 된다. 하루나 이틀 동안 수익률 10% 정도 나면 미련 없이 팔아야 한다.

[도표 10-11] 매각설 호재에 따른 2013. 5. 3 이후 남광토건 주가 흐름 차트

출처 : 네이버 금융

반사이익

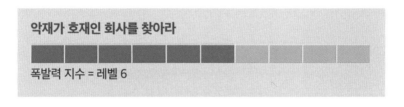

악재가 호재인 회사를 찾아라

폭발력 지수 = 레벨 6

기본정석

동일한 재료가 어느 기업에는 악재로 작용하지만 다른 기업에는 호재로 작용하는 경우가 종종 있다. 여기서 말하는 악재는 인재, 천재지변, 불매운동 등 다양하다. 그 어떤 상황이든 일단 악재가 발생하면 경쟁 관계에 있는 기업에는 호재로 작용해 반사이익을 얻는다.

【예제 1】LG화학

2017년 8월 하비라는 허리케인이 미국 텍사스주를 강타했다. 하비가 몰고 온 폭우는 멕시코만을 강타해 쑥대밭으로 만들어버렸다. 멕시코만 정유 시설이 폐쇄되고 화학 공장에 폭발사고까지 발생했다. 텍사스주, 멕시코만 지역에는 대규모 정유·화학 시설단지가 있는데 태풍 하비로 인해 이 일대 정유설비와 화학 공장 대부분이 가동을 멈추었다.

이로 인해 휘발유 공급에 차질이 생길 것이라는 예측에 정제마진이 빠르게 상승하였다. SK이노베이션 등 국내 정유사들의 반사이익도 기대되었다. 더불어 에틸렌을 생산하는 화학 공장의 가동 중단으로 [도표 11-1]에서 보는 것처럼 LG화학의 주가가 빠르게 상승하였다. 더불어 국내 석유화학 업체들도 반사이익을 볼 것이 분명해졌다.

【Advice】

지금부터 자연재해(태풍, 홍수, 가뭄 등) 발생 소식이 들리면 반사이익부터 떠올리자. 특정 지역에 홍수가 나서 반도체 공장이 침수되면 그 공장은 가동이 멈출 것이다. 그렇게 되면 경쟁업체로 주문이 몰려 실적은 더 좋아진다.

[도표 11-1] 2017년 8월 LG화학 주가 흐름 차트

출처 : 네이버 금융

[예제 2] 내츄럴앤도텍

2015년 4월 22일, 내츄럴엔도텍이 생산하던 백수오가 이엽우피소를 섞어 만든 가짜임이 드러나면서 일파만파 파장이 커졌다. 갱년기에 좋다는 입소문을 타고 홈쇼핑 등에서 불티나게 팔리던 백수오의 판매량이 급감하며 대규모 환불 사태까지 빚어졌다. 고공행진을 하던 내츄럴엔도텍의 주가는 곤두박질쳤고 급기야 검찰의 수사까지 받는 일이 벌어졌다.

덕분에 갱년기 관련 제품을 생산하는 조아제약, 명문제약, 경남제약 등이 반사이익을 볼 것이라는 기대감에 상한가를 기록하며 주가가 급등했다.

【연습문제】

2018년 2월 한국GM은 수익성 악화를 이유로 한국 정부가 지원에 나서지 않으면 한국에서 철수하겠다며 본보기로 군산공장을 폐쇄했다. 만약 한국GM이 한국 시장에서 완전 철수를 한다면 현대자동차 같은 국내 완성차 업체에 반사이익을 기대할 수 있는 호재일까? 현대자동차 등 국내 완성차 업체들의 주가 움직임에 대해 예측해보자(군산공장의 가동률은 20%이며 2017년 연간 내수 및 수출 물량은 39만 2,170대로 2014년 이후로 계속 감소 추세였다. 점유율 또한 줄곧 하락추세에 있었다).

▶정답 : 이 경우는 반사이익을 기대하기에는 무리가 따른다. 국내 자동차 업계에서 한국GM의 영향력은 매우 미미했기 때문이다. 따라서 국내 완성차 업체들의 주가에 별 영향은 주지 못한다. 반사이익을 누리려면 경쟁업체 간 점유율이 막상막하 상태일 때가 가장 이상적이다.

기술개발

신기술은 주가를 올리는 비밀병기다

폭발력 지수 = 레벨 6

기본정석

획기적인 새로운 기술을 자체적으로 개발하거나 새로운 기술을
타사로부터 이전받는 경우, 반대로 개발한 신기술을 타사에 파는
경우 등을 말한다. 과거 닷컴 버블 시기에 새롬기술이 인터넷을 이
용해 무료로 통화를 할 수 있는 다이얼패드라는 획기적인 기술을
선보여 주가가 폭등했다.

【Advice】

신기술개발의 경우 경우 주가가 폭등하는 대표적인 업종이 제약과 바이오 업종이다.

【예제 1】 동성제약

2018년 1월 18일 동성제약은 암세포에만 레이저를 집중하여 치료하는 광역학 치료 기술을 울산대학교와 서울 아산병원으로부터

[도표 12-1] 치료 기술 이전 공시 이후 동성제약 주가 흐름 차트

출처 : 네이버 금융

이전받았음을 공시했다. 이에 화답이라도 하듯 [도표 12-1]에서 보는 것처럼 동성제약 주가는 이날 상한가를 기록했다. 이후 2월 20일까지 약 3배 상승하였다.

[예제 2] JW신약

JW신약이 2018년 4월 11일 [도표 12-2]에서 보는 것처럼 코스닥시장에서 2,880원(29.63%) 오른 12,600원에 마감하며 최근 1년 내 최고가를 기록했다. JW중외제약이 아토피 피부염 치료제로 개발하고 있는 JW1601의 유도체에 대한 전임상 결과가 의약화학분야 권위지에 실린 것이 알려지면서 JW신약에도 강력한 호재로 작용했다.

[도표 12-2] 치료제 개발 공시 이후 JW신약 주가 흐름 차트

출처 : 네이버 금융

투자란 몇 군데 훌륭한 회사를 찾아내어
그저 엉덩이를 붙이고 눌러앉아 있는 것이다.

찰리멍거

구정수경

구태의연한 경영을 하고 있다면 그런 기업에는 고개를 돌려도 된다. 구조조정의 칼을 뽑아 들고 단호한 결단을 내리는 시점에서 주가는 오른다. 부진한 사업부를 정리하는 것만으로도 이익이 높아진다. 정부 정책 발표에 눈과 귀를 열자. 분명 쾌재를 부르는 기업이 있다. 투자한 만큼 주가 상승으로 기대에 부응할 것이다. 수주 계약은 투자자를 기쁘게 하는 소식이다. 계약 금액만큼 주가는 날아간다. 회사 내 고래(경영진 또는 오너)들이 경영권 다툼을 한다면 주식을 사라. 경영권 확보를 위해 고래들이 주식을 사들일 테니까.

구조조정 및 재무구조 개선

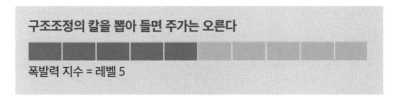

구조조정의 칼을 뽑아 들면 주가는 오른다

폭발력 지수 = 레벨 5

기본정석

적자에 허덕이는 사업부서를 매각해 시장에서 철수하거나, 흑자를 내는 사업부 위주로 사업을 재편하는 구조조정은 기업 성장에 활력을 불어넣어 실적개선으로 이어지는 전략적 선택이다.

【예제 1】 롯데쇼핑

2017년 9월 15일 롯데마트는 사드THAAD 부지 제공에 대한 중국 정부의 보복 등으로 5년간 5,300억 가량 적자를 내오던 중국 매장을 매각하고 철수하기로 결정했다. 철수 이면에는 2016년 매출 1조 4,000억에 달하는 베트남과 인도네시아 시장에 집중하기로 한 전략이 있었다.

[도표 13-1] 2017. 9. 15 중국 매장 매각 결정 후 롯데쇼핑 주가 흐름

외국인·기관 순매매 거래량

날짜	종가	전일비	등락률	거래량	기관 순매매량	외국인 순매매량	외국인 보유주수	보유율
2017.09.18	232,000	▼ 6,500	-2.73%	161,090	-39,582	+3,139	5,532,510	17.57%
2017.09.15	238,500	▲ 18,500	+8.41%	542,868	-143,656	+99,905	5,529,371	17.56%
2017.09.14	220,000	▼ 4,500	-2.00%	519,402	+196,971	+51,730	5,429,363	17.24%
2017.09.13	224,500	▼ 3,500	-1.54%	90,907	-11,052	-8,699	5,377,633	17.08%
2017.09.12	228,000	▼ 4,000	-1.72%	58,096	-14,990	-1,730	5,385,542	17.10%
2017.09.11	232,000	▲ 5,000	+2.20%	55,718	+12,400	-387	5,390,635	17.12%
2017.09.08	227,000	▼ 7,500	-3.20%	128,366	-19,847	+2,306	5,421,519	17.22%
2017.09.07	234,500	▲ 2,500	+1.08%	73,564	+1,854	-530	5,419,675	17.21%
2017.09.06	232,000	▼ 7,000	-2.93%	136,687	-50,339	-2,220	5,412,197	17.19%
2017.09.05	239,000	▼ 3,000	-1.24%	75,001	-8,708	+2,674	5,412,881	17.19%
2017.09.04	242,000	▼ 1,500	-0.62%	83,719	-4,425	+12,946	5,410,986	17.18%
2017.09.01	243,500	▼ 13,500	-5.25%	260,659	-103,629	-11,859	5,398,529	17.14%
2017.08.31	257,000	▼ 2,500	-0.96%	115,682	-51,412	+29,192	5,408,582	17.18%
2017.08.30	259,500	▼ 11,500	-4.24%	141,980	-48,864	+22,658	5,384,982	17.10%
2017.08.29	271,000	▼ 6,500	-2.34%	103,896	-17,100	-10,522	5,365,970	17.04%
2017.08.28	277,500	▲ 7,500	+2.78%	69,717	-4,371	-2,792	5,375,820	17.07%
2017.08.25	270,000	▼ 3,500	-1.28%	87,227	+3,497	-13,834	5,378,228	17.08%
2017.08.24	273,500	▲ 7,000	+2.63%	85,279	+17,509	-17,556	5,394,743	17.13%
2017.08.23	266,500	▲ 5,500	+2.11%	99,961	+36,289	-16,164	5,413,543	17.19%
2017.08.22	261,000	▲ 5,000	+1.95%	66,449	+25,271	-12,338	5,426,323	17.23%

출처 : 네이버 금융

업계 전망에 따르면 롯데마트 중국 매장을 모두 매각하면 연간 1,000억의 잠재적 부실이 사라져 롯데쇼핑 전체 영업이익이 14% 이상 개선될 것으로 내다봤다. 이 점을 호재로 받아들인 롯데쇼핑 주가는 [도표 13-1]에서 보는 것처럼 급등했다.

▶Q&A

Q : 구조조정이란?

A : 사전적 의미로는 기업의 불합리한 구조를 개편하여 효율성을 높이는 것을 뜻한다.

Q : 구조조정을 발표한 기업들의 주가는 왜 급등하는 것일까?

A : 가령 6개의 사업부를 가진 어떤 기업이 있다. 그런데 유독 1개 사업부만 계속 적자를 내고 있다면? 혹은 사업부 축소로 관련 직원의 숫자가 너무 많다면? 적자가 난 사업부를 과감히 정리하거나 직원의 숫자를 대폭 낮춰야 한다. 이렇게 하면 실적의 발목을 잡고 있던 요인들을 없애 실적 개선이 기대되기 때문에 주가는 급등한다.

[예제 2] 코스모신소재

코스모신소재는 적자에 허덕이는 오디오, 비디오 TAPE 사업을 정리하고 2차전지의 소재인 양극활 물질과 전자기기용 기능성 필름을 중심으로 사업구조를 재편했다. 돈 안 되는 사업은 과감하게 정리하고 돈 되는 사업에만 집중하기로 한 것이다.

이에 화답이라도 하듯 코스모신소재 주가는 [도표 13-2]에서 보는 것처럼 2017년 1월부터 9월까지 9개월간 210% 상승하였다.

[도표 13-2] 2017년 1월~9월 코스모신소재 주가 흐름 차트

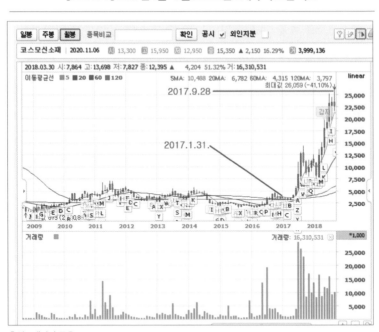

출처 : 네이버 금융

160

【예제 3】 행남사(구 행남자기)

실적 악화로 부분 자본잠식에 빠진 행남자기는 재무구조를 개선하기 위해 2018년 3월 9일 230억 규모의 제3자 배정 유상증자와 100억 규모 전환사채^{CB} 발행을 결정했다. 이를 통해 조달한 자금으로 재무구조를 개선할 계획이다.

이에 힘입어 주가는 [도표 13-3]에서 보는 것처럼 2018년 3월 8일부터 3거래일 연속 가격제한폭까지 오르는 등 4거래일 간 142% 상승했다.

【Advice】

행남사 사례는 특별한 주의가 필요하다. 왜냐하면 2018년 1월에 부분 자본잠식을 해소하기 위해 10 대 1의 비율로 무상감자를 실시했다. 2년 연속 자기자본의 50%를 초과하는 사업손실이 발생해 관리종목으로 지정될 가능성이 있기 때문이다. 이런 경우는 철저하게 단기 트레이딩 관점으로 접근해야만 한다.

[도표 13-3] 2018. 3. 8 ~ 3. 12 행남사 주가 흐름

외국인 · 기관 순매매 거래량

날짜	종가	전일비	등락률	거래량	기관 순매매량	외국인 순매매량	외국인 보유주수	외국인 보유율
2018.03.29	247	▼ 10	-3.89%	17,582,170	-1	-380,387	210,649	0.19%
2018.03.28	257	▼ 6	-2.28%	10,886,375	+3	+30,100	579,036	0.51%
2018.03.27	263	▼ 8	-2.95%	12,189,602	+1	-6,146	148,936	0.13%
2018.03.26	271	▲ 8	+3.04%	21,930,065	+1	-260	155,082	0.14%
2018.03.23	263	▲ 21	+8.68%	61,401,545	+2	-17,138	155,342	0.14%
2018.03.22	242	▼ 102	-29.65%	111,838,699	+175,440	+12,104	172,480	0.15%
2018.03.21	344	▼ 19	-5.23%	23,003,700	-1	+4,504	160,376	0.14%
2018.03.20	363	▲ 14	+4.01%	40,760,873	-1	0	162,372	0.14%
2018.03.19	349	▼ 68	-16.31%	28,060,087	-1	-676	160,372	0.14%
2018.03.16	417	▲ 8	+1.96%	51,574,700	-1	-273,552	135,148	0.12%
2018.03.15	409	▼ 27	-6.19%	77,556,710	-6	+17,710	408,700	0.36%
2018.03.14	436	0	0.00%	70,654,130	-1	-26,974	500,990	0.44%
2018.03.13	436	▲ 41	+10.38%	163,141,832	+176,958	-2,735,633	572,964	0.50%
2018.03.12	395	↑ 91	+29.93%	1,048,635	+898	-12,849	3,308,597	2.91%
2018.03.09	304	↑ 70	+29.91%	2,486,658	+5,397	-4,985	3,321,446	2.92%
2018.03.08	234	↑ 54	+30.00%	51,490,439	-4	-1,247,298	3,326,431	2.92%
2018.03.07	180	▼ 8	-4.26%	5,275,504	-5	+232,552	4,473,729	3.93%
2018.03.06	188	▲ 9	+5.03%	30,214,300	-7	-1,170,726	4,241,177	3.72%
2018.03.05	179	▲ 1	+0.56%	1,375,076	-9	-87,250	5,411,903	4.75%
2018.03.02	178	▼ 3	-1.66%	2,974,430	-12	+240,686	5,499,153	4.83%

출처 : 네이버 금융

Q : 자본잠식이란?

A : 쉽게 말해 기업이 장사를 잘못해 계속 적자가 나 자본금을 까먹는 것을 말한다. 예를 들어 어떤 기업의 자본금이 1억인데 첫 분기부터 순이익이 2,000만 원 적자가 났다면 자본금은 8,000만 원으로 줄어든다. 결론적으로 자본금 2,000만 원을 까먹어 자본이 잠식된 것이다.

Q : 제3자 배정 유상증자란?

A : 특정인(제3자)에게 돈을 받고 새 주식을 발행하는 것이다.

Q : 전환사채란?

A : 주식과 채권의 성격을 동시에 갖는 채권이다. 자금이 필요한 기업이 채권 형태로 발행한 후 일정 기간이 지나면 채권소유자는 원할 경우 정해진 기간에 주식으로 전환할 수 있다.

Q : 무상감자란?

A : 감자, 말 그대로 자본금을 줄이는 것을 말한다. 그런데 주주들에게는 아무런 보상을 해주지 않는다. 무상감자의 형식은 액면 병합을 주로 이용한다. 10 : 1 비율로 무상감자를 실시하는 경우 기존에 주식 10주를 보유하고 있던 주주는 보유 주식 수가 1주로 줄

어든다. 이로 인한 손실에 대해서는 회사 측으로부터 아무런 보상도 못 받는다. 무상감자는 대부분 구조조정 과정에 있는 기업에서 일어난다. 이유는 그동안 경영을 잘못해 회사를 위험에 빠뜨린 것에 대한 책임을 물어 징벌적으로 대주주의 지분율을 대폭 줄이기 위한 목적으로 사용되는 경우다.

Q : 관리종목이란?

A : 관리 대상으로 지정된 주식을 말한다. 상장법인이 갖추어야 할 최소한도의 유동성을 갖추지 못하였거나, 영업실적 악화 등의 사유로 부실이 심화된 종목으로 상장폐지 기준에 해당할 우려가 있는 종목을 말한다. 관리종목의 지정 사유는 증권거래소가 유가증권 상장규정에 의거 상장폐지 기준에 해당되는 사유가 발생한 경우, 투자자에게 투자에 유의하도록 주의를 환기하고 당해 기업에 정상화를 도모할 수 있도록 일정 기간을 주기 위함이다. 관리 대상 종목으로 지정되면 일정 기간 매매를 정지시킬 수 있으며, 주식의 신용거래가 금지된다.

◆관리종목으로 지정되는 요건◆
① 사업보고서 등 미제출
-사업보고서를 법정 제출기한(결산기 후 90일) 내 미제출
-반기·분기 보고서를 법정 제출기한(결산기 후 45일) 내 미제출

② 감사의견반기 검토 의견

-감사의견이 감사 범위 제한으로 인한 한정

-반기 검토 의견이 부적정 또는 의견거절

③ 자본잠식

-사업보고서상 자본금의 50% 이상이 잠식

④ 주식분포 미달

- 소액주주 수 200명 미만

- 소액주주 지분율 10% 미만

⑤ 거래량 미달

- 반기 월평균 거래량이 유동주식 수의 1% 미만

⑥ 지배구조 미달

-증권거래법상 사외이사 수 및 감사위원회 구성요건을 미충족

⑦ 공시의무 위반

- 공시의무 위반 누계벌점 15점 이상

⑧ 매출액 미달

-최근 사업연도 50억 원 미만

⑨ 주가 수준 미달

-액면가의 20% 미만 상태가 30일간 계속

정부정책

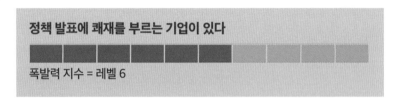

정책 발표에 쾌재를 부르는 기업이 있다

폭발력 지수 = 레벨 6

기본정석

정부가 특정 산업을 육성 및 지원하거나 규제를 푸는 등 특정 산업에 유리한 정책을 펼치는 경우를 말한다. 예를 들어 문재인 정부가 발표한 치매 국가 책임제 정책은 치매 치료제를 개발하는 기업 등 치매와 관련된 기업의 주가 상승 요인이 된다. 하지만 반대의 경우도 있다. 문재인 정부의 탈원전 정책의 경우 원전 관련 사업을 주력으로 하는 기업에 악재로 작용해 주가 하락의 요인이 된다.

[예제 1] 유니슨

2017년 문재인 정부는 미세먼지 저감과 원전 사고 방지를 위해 이른바 탈원전 및 탈석탄 정책을 수립하고 풍력·태양광 등의 신재생에너지를 육성하는 정책을 발표했다.

이에 주식시장은 즉각 반응을 보였고 대표적으로 풍력 발전단지를 건설하는 유니슨은 정책 수혜주로 꼽혀 영업이익이 2020년

[도표 14-1] 2017. 7. 18 정부정책 발표 이후 유니슨 주가 흐름

					기관		외국인	
날짜	종가	전일비	등락률	거래량	순매매량	순매매량	보유주수	보유율
2017.07.31	4,510	▼ 260	-5.45%	5,672,304	-2,864	+377,719	17,724,690	23.29%
2017.07.28	4,770	▼ 200	-4.02%	5,523,414	-17,951	+74,632	17,346,971	22.79%
2017.07.27	4,970	▲ 30	+0.61%	6,681,899	+6,531	-158,532	17,283,781	22.71%
2017.07.26	4,940	0	0.00%	8,360,849	-119,511	+100,092	17,445,713	22.92%
2017.07.25	4,940	▲ 525	+11.89%	12,861,652	-284,429	-157,978	17,370,621	22.83%
2017.07.24	4,415	▲ 235	+5.62%	7,986,979	-176,181	+133,312	17,534,322	23.04%
2017.07.21	4,180	▲ 220	+5.56%	9,047,346	-48,335	+346,731	17,401,010	22.87%
2017.07.20	3,960	▲ 305	+8.34%	7,312,404	-56,474	+78,392	17,081,487	22.45%
2017.07.19	3,655	▼ 35	-0.95%	4,681,913	-138,286	+86,566	17,040,883	22.39%
2017.07.18	3,690	▲ 380	+11.48%	9,925,897	-502,614	+299,882	16,954,317	22.28%
2017.07.17	3,310	▲ 40	+1.22%	3,075,967	-180,000	-210,368	16,643,608	21.87%
2017.07.14	3,270	▲ 170	+5.48%	6,971,825	+3,680	+156,352	16,903,976	22.21%
2017.07.13	3,100	▲ 25	+0.81%	1,753,846	-71,000	+103,705	16,752,924	22.01%
2017.07.12	3,075	▲ 15	+0.49%	1,357,673	-6,480	-58,424	16,599,219	21.81%
2017.07.11	3,060	▲ 55	+1.83%	3,761,363	-128,898	-354,807	16,656,643	21.89%
2017.07.10	3,005	▲ 90	+3.09%	1,843,004	-101,500	-63,783	17,007,450	22.35%
2017.07.07	2,915	▼ 45	-1.52%	1,047,673	-114,566	+105,024	17,068,233	22.43%
2017.07.06	2,960	▼ 80	-2.63%	1,832,139	-146,457	-240,357	16,952,701	22.28%
2017.07.05	3,040	▲ 85	+2.88%	2,007,880	-115,506	+226,279	17,193,058	22.59%
2017.07.04	2,955	▼ 5	-0.17%	2,014,545	-240,257	+192,314	16,955,779	22.28%

외국인 · 기관 순매매 거래량

출처 : 네이버 금융

까지 연평균 32% 늘어날 전망이라는 분석에 힘입어 주가는 [도표 14-1]에서 보는 것처럼 4거래일 동안 약 25% 상승했다.

[예제 2] 메가스터디교육

교육계에 따르면 서울대는 교육부의 정시 확대 요구가 알려진 이후 당초 고려하지 않았던 정시 확대를 재검토하는 것으로 알려졌다. 연세대는 현재 고등학교 2학년 학생들이 치를 2020학년도 대입에서 정시 비중을 3.6% 포인트 확대할 계획이라고 1일 발표했다. 성균관대와 서강대도 정시 비중을 전년보다 10% 포인트 늘리는 방안을 검토 중이다.

이 같은 배경에 힘입어 메가스터디교육은 2018년도 영업이익이 큰 폭으로 증가할 것이라는 전망이 나왔다.

메가스터디교육은 메가스터디그룹의 핵심 사업인 중·고등 온·오프라인 교육사업 부문을 인적분할해 법인을 신설해 재상장한 것이다. 대학입시에서 정시 비중이 확대됨에 따라서 수혜를 볼 것이라는 전망이 나옴에 따라 메가스터디교육의 주가는 [도표 14-2]에서 보는 것처럼 7거래일간 약 39% 급등했다.

[도표 14-2] 정부정책 발표 이후 2018. 3. 30 ~ 4. 9 메가스터디교육 주가 흐름 차트

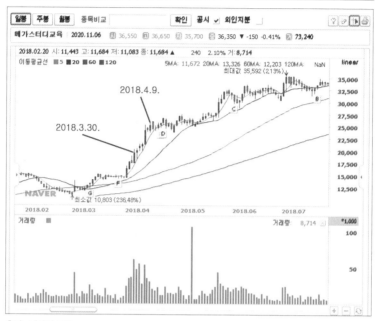

출처 : 네이버 금융

【예제 3】 AJ렌터카

2015년 12월 LPG 차량을 장애인뿐 아니라 일반인에게도 판매할 수 있도록 허용하는 법안이 국회를 통과했다. 이에 전체 보유 차량의 40%가 LPG 차량인 자회사 AJ렌터카의 자산가치가 상승할 것이라는 기대감에 AJ렌터카의 주가가 급등했다.

【예제 4】 비트컴퓨터

'당, 정, 청, 군부대 / 도서벽지 원격의료 실시 합의'

청와대와 정부, 여당이 최근 군부대 및 섬, 산골 마을 지역을 대상으로 한 의사-환자 간 원격의료 도입에 합의했다. 고용 부진과 경제 지표 악화로 어려움을 겪고 있는 문재인 정부가 대선 과정에서 반대해온 원격의료와 인터넷전문은행 규제까지 풀어 경제 활성화에 나선 것이다.

출처 한국경제신문 2018. 8. 23

2018년 8월 23일 정부의 원격의료 합의에 따라 [도표 14-3]에서 보는 것처럼 비트컴퓨터의 주가가 급등했다.

[도표 14-3] 정부정책 발표 이후 2018. 8. 23 비트컴퓨터 주가 흐름 차트

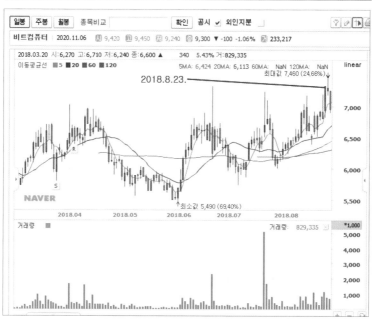

출처 : 네이버 금융

수 주

납품 계약은 주가를 날게 한다

폭발력 지수 = 레벨 5

기본정석

건설사, 엔지니어링 업체, 조선업체 등 대규모 수주 산업을 말한다. 현대중공업이 대형 LNG 운반선, 대형 컨테이너 선박 등을 수주하는 경우이다. 수주의 경우 계약 금액이 중요한데 전년도 매출액의 몇 퍼센트인지 따져보아야 한다. 당연히 퍼센트가 높을수록 주가 상승 폭은 커진다.

[예제 1] 삼성엔지니어링

삼성엔지니어링은 2018년 1월 24일 [도표 15-1]과 [도표 15-2] 에서 보는 것처럼 태국 국영 석유회사인 PTT의 자회사인 PTTGC 와 6,700억대 플랜트 건설 공사를 수주했다. 그에 힘입어 주가는 [도표 15-3]과 [도표 15-4]에서 보는 것처럼 4거래일 연속 주가가 상승했다.

삼성엔지니어링의 경우 과거 고유가 시대 때 중동에서 플랜트 계약을 많이 수주하여 주가가 3년간 15배 상승하기도 했다.

[도표 15-1] 삼성엔지니어링 계약 체결 공시

회사명	삼성엔지니어링			회사명찾기 ▶	☑ 최종보고서	
기간	20180103 ~ 20181016		1주일 1개월 6개월 1년 2년 3년 전체		검색	Q

☐ 정기공시 ☐ 주요사항보고 ☐ 발행공시 ☐ 지분공시 ☐ 기타공시 ☐ 외부감사관련 ☐ 펀드공시 ☐ 자산유동화 ☐ 거래소공시 ☐ 공정위공시

조회건수 15 ▼

번호	공시대상회사	보고서명	제출인	접수일자	비고
61	유 삼성엔지니어링	결산실적공시예고(안내공시)	삼성엔지니어링	2018.01.31	유
62	유 삼성엔지니어링	최대주주소유주식변동신고서	삼성엔지니어링	2018.01.26	
63	유 삼성엔지니어링	대표이사(대표집행임원)변경(안내공시)	삼성엔지니어링	2018.01.26	
64	유 삼성엔지니어링	임시주주총회결과	삼성엔지니어링	2018.01.26	
65	유 삼성엔지니어링	단일판매 · 공급계약체결	삼성엔지니어링	2018.01.24	유
66	유 삼성엔지니어링	주주총회소집공고	삼성엔지니어링	2018.01.11	
67	유 삼성엔지니어링	참고서류	삼성엔지니어링	2018.01.11	
68	유 삼성엔지니어링	임원 · 주요주주특정증권등소유상황보고서	조원희	2018.01.05	
69	유 삼성엔지니어링	주식등의대량보유상황보고서(약식)	국민연금공단	2018.01.05	

출처 : 금융감독원 전자공시 시스템

[도표 15-2] 삼성엔지니어링 계약 체결 공시 내용

DART본문	본문	2018.01.24 단일판매 · 공급계약체결 ∨
삼성엔지니어링	첨부	+첨부선택+ ∨

단일판매 · 공급계약 체결

1. 판매 · 공급계약 구분		공사수주
- 체결계약명		Olefins Reconfiguration Project
2. 계약내역	계약금액(원)	466,040,400,000
	최근매출액(원)	7,009,433,382,245
	매출액대비(%)	6.65
	대규모법인여부	해당
3. 계약상대		PTT Global Chemical Public Company Limited
- 회사와의 관계		-
4. 판매 · 공급지역		태국, 라용
5. 계약기간	시작일	2018-01-23
	종료일	2020-12-01
6. 주요 계약조건		Lump-sum turn key
7. 계약(수주)일자		2018-01-23
8. 공시유보 관련내용	유보사유	-
	유보기한	-
9. 기타 투자판단과 관련한 중요사항		
1) 상기 계약은 2017년 5월 23일 자율공시한 건에 대한 본 계약 체결건 입니다. 2) 상기2 매출액과 대규모 법인 여부는 2016년말 연결 재무제표 기준으로 작성되었습니다. 3) 상기 계약금액은 현지법인분(Samsung Engineering(Thailand) Company Limited)을 제외한 본사분에 해당 하는 계약금액이며 현지법인분을 포함한 총 계약금액은 약 6,704억 (USD 6.3억불) 입니다.		

출처 : 금융감독원 전자공시 시스템

[도표 15-3] 삼성엔지니어링 계약 체결 공시 이후 주가 흐름

외국인 · 기관 순매매 거래량

날짜	종가	전일비	등락률	거래량	기관 순매매량	순매매량	외국인 보유주수	보유율
2018.01.29	17,500	▲ 150	+0.86%	5,345,137	-179,184	+281,899	47,340,975	24.15%
2018.01.26	17,350	▲ 500	+2.97%	6,181,309	-61,530	+990,507	46,955,129	23.96%
2018.01.25	16,850	▲ 1,000	+6.31%	5,358,116	+607,627	+1,065,308	45,894,622	23.42%
2018.01.24	15,850	▲ 50	+0.32%	2,665,121	+203,655	-65,783	44,854,214	22.88%
2018.01.23	15,800	▲ 750	+4.98%	2,652,586	+316,201	+464,873	45,041,549	22.98%
2018.01.22	15,050	0	0.00%	1,493,617	+46,995	-117,273	44,555,176	22.73%
2018.01.19	15,050	▲ 450	+3.08%	1,994,774	+151,745	+117,891	44,724,695	22.82%
2018.01.18	14,600	▲ 150	+1.04%	2,183,151	-242,146	-119,148	44,679,034	22.80%
2018.01.17	14,450	▼ 250	-1.70%	3,277,011	-426,359	+378,125	44,730,883	22.82%
2018.01.16	14,700	▼ 800	-5.16%	4,264,456	-485,612	+730,646	44,352,758	22.63%
2018.01.15	15,500	▼ 100	-0.64%	2,256,347	-69,627	+43,073	43,701,712	22.30%
2018.01.12	15,600	▲ 100	+0.65%	3,105,450	-22,237	+412,395	43,749,227	22.32%
2018.01.11	15,500	0	0.00%	3,321,530	-109,246	+381,949	43,590,353	22.24%
2018.01.10	15,500	▲ 1,200	+8.39%	9,631,405	+1,025,954	+2,188,733	43,281,006	22.08%
2018.01.09	14,300	▲ 400	+2.88%	3,372,758	+517,565	+533,745	41,263,138	21.05%
2018.01.08	13,900	▲ 50	+0.36%	2,482,941	-134,086	+331,743	40,776,693	20.80%
2018.01.05	13,850	▲ 50	+0.36%	2,782,252	+50,552	+222,230	40,590,507	20.71%
2018.01.04	13,800	▲ 850	+6.56%	5,006,285	+1,259,024	+1,008,993	40,128,664	20.47%
2018.01.03	12,950	▼ 100	-0.77%	1,488,094	+108,495	-267,005	39,144,028	19.97%
2018.01.02	13,050	▲ 650	+5.24%	2,031,799	+517,373	+232,646	39,276,233	20.04%

출처 : 네이버 금융

[도표 15-4] 삼성엔지니어링 계약 체결 공시 이후 주가 흐름 차트

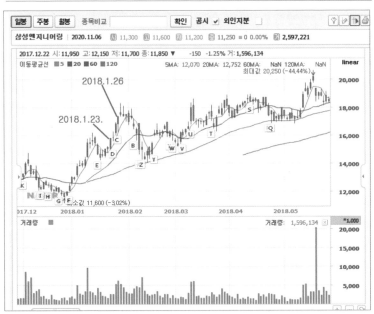

출처 : 네이버 금융

【예제 2】엠플러스

2018년 엠플러스는 중국 정부 주도로 설립된 전기자동차 배터리 연구원인 궈렌자동차와 [도표 15-5]와 [도표 15-6]에서 보는 것처럼 326억 규모의 2차전지 관련 설비 공급 계약을 맺었다. 이는 엠플러스의 2017년 매출의 116%에 달하는 규모이다. 이에 힘입어 엠플러스 주가는 [도표 15-7]에서 보는 것처럼 급등했다.

[도표 15-5] 엠플러스 계약 체결 공시

조회건수 15 ∨			접수일자 ▾	회사명 ▾	보고서명 ▾
번호	공시대상회사	보고서명	제출인	접수일자	비고
1	코 엠플러스	[첨부정정]신규시설투자등	엠플러스	2018.09.28	코
2	코 엠플러스	[기재정정]단일판매 · 공급계약체결(자율공시)	엠플러스	2018.09.17	코
3	코 엠플러스	[기재정정]단일판매 · 공급계약체결	엠플러스	2018.09.17	코
4	코 엠플러스	[기재정정]단일판매 · 공급계약체결	엠플러스	2018.08.30	코
5	코 엠플러스	[기재정정]단일판매 · 공급계약체결	엠플러스	2018.08.22	코
6	코 엠플러스	반기보고서 (2018.06)	엠플러스	2018.09.14	
7	코 엠플러스	[기재정정]분기보고서 (2018.03)	엠플러스	2018.08.14	
8	코 엠플러스	[기재정정]전환가액의조정 (제1회차)	엠플러스	2018.07.31	코
9	코 엠플러스	[기재정정]단일판매 · 공급계약체결	엠플러스	2018.07.09	코
10	코 엠플러스	[기재정정]사업보고서 (2017.12)	엠플러스	2018.05.15	
11	코 엠플러스	[기재정정]단일판매 · 공급계약체결	엠플러스	2018.04.30	코
12	코 엠플러스	증권발행결과(자율공시) (제1회차CB)	엠플러스	2018.04.27	코
13	코 엠플러스	주요사항보고서(전환사채권발행결정)	엠플러스	2018.04.26	코
14	코 엠플러스	단일판매 · 공급계약체결	엠플러스	2018.04.20	코
15	코 엠플러스	임원 · 주요주주특정증권등소유상황보고서	박준용	2018.04.06	

출처 : 금융감독원 전자공시 시스템

[도표 15-6] 엠플러스 계약 체결 공시 내용

DART	본문	2018.09.17 [정정] 단일판매 · 공급계약체결 ∨
엠플러스	첨부	+첨부선택+ ∨

단일판매 · 공급계약체결

1. 판매 · 공급계약 내용		2차전지 조립공정 제조 설비 공급 계약
2. 계약내역	조건부 계약여부	미해당
	확정 계약금액	32,634,000,000
	조건부 계약금액	-
	계약금액 총액(원)	32,634,000,000
	최근 매출액(원)	28,031,364,381
	매출액 대비(%)	116.42
3. 계약상대방		HUADING GUOLIAN SICHUAN POWER BATTERY CO., LTD
-최근 매출액(원)		-
-주요사업		-
-회사와의 관계		-
-회사와 최근 3년간 동종계약 이행여부		미해당
4. 판매 · 공급지역		중국
5. 계약기간	시작일	2018-02-09
	종료일	2018-10-11
6. 주요 계약조건		-
7. 판매 · 공급방식	자체생산	해당
	외주생산	미해당
	기타	-
8. 계약(수주)일자		2018-02-09
9. 공시유보 관련내용	유보기한	-

출처 : 금융감독원 전자공시 시스템

178

[도표 15-7] 엠플러스 계약 체결 공시 이후 주가 흐름

외국인 · 기관 순매매 거래량

날짜	종가	전일비	등락률	거래량	기관 순매매량	외국인 순매매량	외국인 보유주수	보유율
2018.02.13	22,000	▼ 500	-2.22%	115,413	+1	-2,602	18,926	0.37%
2018.02.12	22,500	▲ 1,650	+7.91%	578,287	-899	+36	21,528	0.42%
2018.02.09	20,850	▼ 800	-3.70%	77,290	+2,501	-2,758	21,492	0.42%
2018.02.08	21,650	▲ 1,000	+4.84%	119,757	+1,548	+3,581	24,250	0.47%
2018.02.07	20,650	▼ 950	-4.40%	126,502	-9,706	-3,378	19,377	0.38%
2018.02.06	21,600	▼ 750	-3.36%	161,707	-8,500	+5,332	22,755	0.45%
2018.02.05	22,350	▼ 800	-3.46%	236,142	-6,871	-6,537	15,623	0.31%
2018.02.02	23,150	▲ 150	+0.65%	113,798	+979	+2,050	16,450	0.32%
2018.02.01	23,000	▲ 200	+0.88%	98,610	+500	-7,410	12,400	0.24%
2018.01.31	22,800	▼ 500	-2.15%	166,188	-15,359	+786	10,469	0.20%
2018.01.30	23,300	▼ 300	-1.27%	399,417	+4,867	-5,994	9,683	0.19%
2018.01.29	23,600	▲ 650	+2.83%	204,489	-8,072	+6,084	15,677	0.31%
2018.01.26	22,950	▼ 500	-2.13%	118,588	-10,180	-2,807	9,593	0.19%
2018.01.25	23,450	▼ 100	-0.42%	121,036	+339	-2,967	12,400	0.24%
2018.01.24	23,550	▲ 750	+3.29%	181,078	-5,855	+3,151	15,367	0.30%
2018.01.23	22,800	▼ 450	-1.94%	130,203	-400	-414	12,216	0.24%
2018.01.22	23,250	▼ 650	-2.72%	161,072	0	-3,315	12,630	0.25%
2018.01.19	23,900	▲ 650	+2.80%	192,553	+222	-11,156	15,846	0.31%
2018.01.18	23,250	▼ 150	-0.64%	210,843	+5,720	-6,148	27,002	0.53%
2018.01.17	23,400	▲ 1,250	+5.64%	562,899	+480	+2,391	33,150	0.65%

출처 : 네이버 금융

【예제 3】 미래컴퍼니

디스플레이 제조 장비 생산업체인 미래컴퍼니는 [도표 15-8]과 [도표 15-9]에서 보는 것처럼 2018년 3월 LG상사와 디스플레이 제조 장비 공급 계약을 체결했다. 2016년 매출액의 22.9%에 해당하는 금액이다. 이에 힘입어 [도표 15-10]에서 보는 것처럼 미래컴퍼니 주가는 급등했다.

[도표 15-8] 미래컴퍼니 계약 체결 공시

번호	공시대상회사	보고서명	제출인	접수일자	비고
16	🔲 미래컴퍼니	임원·주요주주특정증권등소유상황보고서	류재연	2018.03.29	
17	🔲 미래컴퍼니	임원·주요주주특정증권등소유상황보고서	정우영	2018.03.29	
18	🔲 미래컴퍼니	임원·주요주주특정증권등소유상황보고서	김준홍	2018.03.29	
19	🔲 미래컴퍼니	임원·주요주주특정증권등소유상황보고서	김준구	2018.03.29	
20	🔲 미래컴퍼니	주식등의대량보유상황보고서(일반)	김준구	2018.03.29	
21	🔲 미래컴퍼니	정기주주총회결과	미래컴퍼니	2018.03.22	코
22	🔲 미래컴퍼니	단일판매·공급계약체결	미래컴퍼니	2018.03.19	코
23	🔲 미래컴퍼니	감사보고서제출	미래컴퍼니	2018.03.14	코
24	🔲 미래컴퍼니	단일판매·공급계약체결	미래컴퍼니	2018.03.14	코
25	🔲 미래컴퍼니	임원·주요주주특정증권등소유상황보고서	정우영	2018.03.13	
26	🔲 미래컴퍼니	임원·주요주주특정증권등소유상황보고서	김준홍	2018.03.13	
27	🔲 미래컴퍼니	임원·주요주주특정증권등소유상황보고서	김준구	2018.03.13	
28	🔲 미래컴퍼니	주식등의대량보유상황보고서(일반)	김준구	2018.03.13	
29	🔲 미래컴퍼니	최대주주변경을수반하는주식담보제공계약해제·취소등	미래컴퍼니	2018.03.13	코
30	🔲 미래컴퍼니	[기재정정]주주총회소집공고	미래컴퍼니	2018.03.09	

출처 : 금융감독원 전자공시 시스템

[도표 15-9] 미래컴퍼니 계약 체결 공시 내용

DART	본문	2018.03.14 단일판매 · 공급계약체결 ⌄
미래컴퍼니	첨부	+첨부선택+ ⌄

단일판매 · 공급계약체결

1. 판매 · 공급계약 내용		디스플레이 제조장비 공급계약
2. 계약내역	계약금액(원)	18,410,951,066
	최근 매출액(원)	80,414,537,388
	매출액 대비(%)	22.90
3. 계약상대방		LG상사
-회사와의 관계		-
4. 판매 · 공급지역		중국
5. 계약기간	시작일	2018-03-13
	종료일	2018-07-23
6. 주요 계약조건		-
7. 판매 · 공급방식	자체생산	해당
	외주생산	미해당
	기타	-
8. 계약(수주)일자		2018-03-13
9. 공시유보 관련내용	유보기한	-
	유보사유	-
10. 기타 투자판단에 참고할 사항		
1. 상기 최근 사업연도 매출액은 2016년도말 연결재무제표 기준입니다. 2. 상기 계약금액은 USD 17,298,648이며, 2018년 3월 13일 매매기준율 1,064.30원을 적용하여 산출한 금액입니다. 3. 상기 계약기간 종료일은 양사간 합의에 따라 변경될 수 있습니다.		
※ 관련공시		-

출처 : 금융감독원 전자공시 시스템

[도표 15-10] 미래컴퍼니 계약 체결 공시 이후 주가 흐름 차트

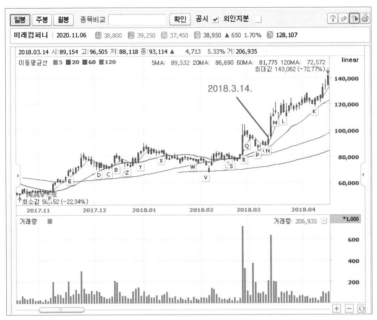

출처 : 네이버 금융

[예제 4] 씨에스윈드

씨에스윈드(112610)가 글로벌 풍력발전기 전문제조업체와 2022년까지 총 2,130억 규모의 해상풍력 타워를 대만 해상풍력단지에 공급하는 장기 공급계약을 체결했다고 2018년 9월 21일 밝혔다. 수주금액이 2017년 매출액 3,122억 대비 68.22%에 달하는 대규모 수주다. 씨에스윈드는 대만 현지에 생산거점을 확보해 타워를 공급할 계획이다.

회사 측은 "그간 독보적인 기술력을 기반으로 구축해온 두터운 신뢰와 2016년 계약을 체결한 영국 해상 풍력 타워 공급의 순조로운 이행이 이번 장기공급계약 체결에 결정적으로 기여했다."라고 설명했다.

출처 : 서울경제 2018. 9. 21

2018년 9월 2일 글로벌 풍력발전기 전문제조업체와 해상 풍력 타워를 대만 해상풍력단지에 공급하는 계약을 체결했다고 공시했다. 이에 [도표 15-11]에서 보는 것처럼 씨에스윈드의 주가가 급등했다.

[표 15-11] 글로벌 풍력발전기 전문제조업체와 공급계약 체결 후 씨에스윈드 주가 흐름

외국인 · 기관 순매매 거래량								
날짜	종가	전일비	등락률	거래량	기관	외국인		
					순매매량	순매매량	보유주수	보유율
2018.09.27	34,050	▼ 1,050	-2.99%	86,680	+5,121	-23,827	1,501,907	8.69%
2018.09.21	35,100	▲ 1,900	+5.72%	304,317	+47,440	+52,576	1,525,734	8.83%
2018.09.20	33,200	▲ 1,050	+3.27%	107,322	-9,087	+11,726	1,473,158	8.52%
2018.09.19	32,150	▼ 200	-0.62%	54,912	+2,318	-6,335	1,461,432	8.45%
2018.09.18	32,350	▼ 50	-0.15%	36,192	-3,384	-3,801	1,467,767	8.49%
2018.09.17	32,400	▲ 1,000	+3.18%	78,079	+23,443	-8,483	1,471,568	8.51%
2018.09.14	31,400	▲ 350	+1.13%	104,960	+21,122	-29,963	1,480,051	8.56%
2018.09.13	31,050	▲ 750	+2.48%	62,536	+4,969	-11,256	1,510,014	8.74%
2018.09.12	30,300	▼ 1,150	-3.66%	69,097	-6,479	-7,045	1,521,270	8.80%
2018.09.11	31,450	▼ 50	-0.16%	60,657	+31,458	-16,251	1,528,315	8.84%
2018.09.10	31,500	▲ 150	+0.48%	97,411	+11,887	-12,472	1,544,066	8.93%
2018.09.07	31,350	▲ 1,600	+5.38%	192,729	+52,848	+20,589	1,556,538	9.00%
2018.09.06	29,750	▲ 1,500	+5.31%	86,900	+38,229	+11,038	1,535,949	8.89%
2018.09.05	28,250	▼ 400	-1.40%	50,655	+9,945	+7,152	1,524,911	8.82%
2018.09.04	28,650	▼ 450	-1.55%	110,012	-12,968	-12,082	1,517,059	8.78%
2018.09.03	29,100	0	0.00%	48,887	+7,335	-3,026	1,528,941	8.85%
2018.08.31	29,100	▼ 500	-1.69%	42,940	+5,096	-4,603	1,531,967	8.86%
2018.08.30	29,600	▲ 350	+1.20%	70,272	+1,149	-1,717	1,531,539	8.86%

출처 : 네이버 금융

주가 폭등의 급소 16

경영권 분쟁

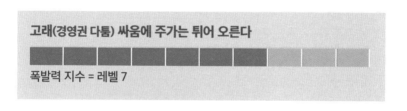

고래(경영권 다툼) 싸움에 주가는 튀어 오른다

폭발력 지수 = 레벨 7

기본정석

말 그대로 경영권을 놓고 다툼이 벌어지는 경우다. 이 경우 기존 경영진과 새롭게 경영권을 손에 넣으려는 세력 사이에 경영권에 절대적인 영향을 미치는 지분율을 확보하기 위해 더 많은 주식을 손에 넣으려는 경쟁이 일어난다. 당연히 주식의 가치는 올라갈 수밖에 없다. 다만, 대부분 일시적으로 주가가 올라가는 것이다.

【예제 1】 경남제약

레모나 등 비타민 제품으로 유명한 경남제약은 오너와 경영진 사이에 오랜 기간 경영권 분쟁을 겪었다. 오너는 2008년 회사가 적자를 냈는데도 흑자가 난 것으로 회계를 조작했고 이것으로 회사는 벌금 5,000만 원을 선고받았다.

[도표 16-1] 경남제약 경영권 분쟁을 암시하는 관련 공시

번호	공시대상회사	보고서명	제출인	접수일자	비고
	조회건수 15		접수일자 ▼ 회사명 ▼	보고서명 ▼	
1	코 경남제약	투자판단관련주요경영사항	경남제약	2017.12.01	코
2	코 경남제약	분기보고서 (2017.09)	경남제약	2017.11.14	
3	코 경남제약	최대주주변경	경남제약	2017.11.09	코
4	코 경남제약	임원·주요주주특정증권등소유상황보고서	오수진	2017.11.08	
5	코 경남제약	주식등의대량보유상황보고서(일반)	오수진	2017.11.08	
6	코 경남제약	소송등의판결·결정	경남제약	2017.11.08	코
7	코 경남제약	임시주주총회결과	경남제약	2017.11.07	코
8	코 경남제약	소송등의제기·신청(경영권분쟁소송)	경남제약	2017.11.03	코
9	코 경남제약	기타경영사항(자율공시) (경남제약 레모나와 레모비타씨정의 중국식약청(CFDA) 승인(수입보건식품 등록))	경남제약	2017.11.01	코
10	코 경남제약	[기재정정]참고서류	경남제약	2017.10.26	
11	코 경남제약	주주총회소집공고	경남제약	2017.10.23	
12	코 경남제약	[기재정정]주주총회소집결의	경남제약	2017.10.19	코

출처 : 금융감독원 전자공시 시스템

이에 오너는 약 21% 지분율을 갖고 최대주주로서 경영권을 되찾으려 했고, 경영진은 적극 대응으로 맞섰다. 분식회계로 인해 회사가 손해를 보았다며 [도표 16-1]과 [도표 16-2]에서 보는 것처럼 손해배상금 160억을 오너와 임원을 상대로 청구하는 소송을 걸었다. 그에 따라 [도표 16-3]에서 보는 것처럼 경남제약 주가가 급

[도표 16-2] 경남제약 경영권 분쟁을 암시하는 관련 공시 내용

| DART | 경남제약 | 본문 2017.11.03 소송등의제기 · 신청(경영권분쟁소송) | 첨부 +첨부선택+ |

소송 등의 제기 · 신청(경영권 분쟁 소송)

1. 사건의 명칭	주주총회 개최금지 가처분 신청	사건번호	2017카합 5039
2. 원고(신청인)	이희철		
3. 청구내용	1. 채권자 : 이희철 2. 채무자 : 경남제약 주식회사외 1명 3. 신청취지 1) 주위적으로, 채무자들은 채권자의 주주명의개서를 완료할 때까지 2017.11.07자 임시주주총회를 개최하여서는 아니된다. 2) 예비적으로, 채무자들은 2017.11.07자 임시주주총회 의안 중 이사선임에 대한 결의를 하여서는 아니된다. 라는 결정을 구합니다.		
4. 관할법원	창원지방법원 마산지원		
5. 향후대책	1. 당사는 법률대리인을 선임하여 향후 대응할 예정입니다. 2. 당사는 추후 결과가 나오는 즉시 진행사항에 대해 재공시할 예정입니다.		

출처 : 금융감독원 전자공시 시스템

등했다. 한편 오너는 이사진을 선임하는 임시 주주총회를 막는 가 처분신청을 법원에 했으나 기각되는 등 수년간에 걸쳐 경영권을 놓고 분쟁 중이다.

[도표 16-3] 경남제약 관련 공시 이후 주가 흐름 차트

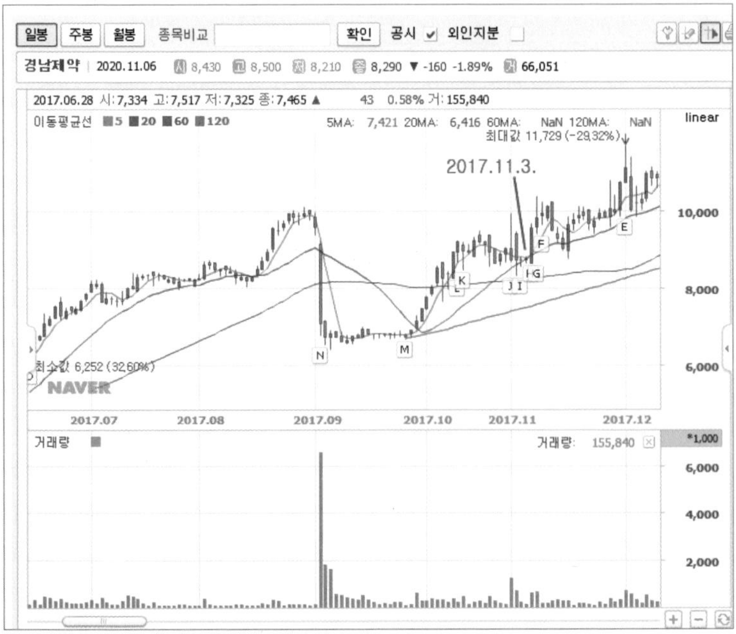

출처 : 금융감독원 전자공시 시스템

[예제 2] 삼익악기

삼익악기가 스타인웨이 지분 매각 소식에 급등했다. 삼익악기가 지분 26.87%를 보유 중인 미국의 피아노 제조업체 스타인웨이의 지분 매각 가격이 상승할 것이라는 기대감 덕분이다. 외신에 따르면 스타인웨이는 최근 사모펀드인 콜버그가 제안한 주당 35달러보다 높은 38달러에 다른 제안을 받은 것으로 알려졌다. 뉴욕 증권거래소에서 스타인웨이 주가는 9%가량 상승했다. 콜버그는 지난달 1일 스타인웨이와 주당 35달러에 공개매수하는 계약을 체결하고, 계약당사자를 제외한 제3자가 스타인웨이에 추가 제안을 할 수 있는 기간을 45일간 부여한 바 있다.

삼익악기가 세계적인 명품 피아노 제조사 스타인웨이의 경영권 인수에 실패했지만, 투자에는 성공했다. 최종 인수를 눈앞에서 놓쳤지만 투자지분의 가치가 치솟으면서 투자금의 '더블'에 해당하는 금액을 회수할 수 있게 됐기 때문이다.

삼익악기는 지난 11일 장 마감 후 보유 중인 스타인웨이 지분 376만 8,554주(28.2%) 전량을 피아니시모 애퀴지션(Pianissimo Acquisition Corp.)에서 진행하는 공개매수를 통해 매각하기로 이사회에서 결정했다고 공시했다. 처분금액은 총 1,635억 4,016만 원으로 자기자본 대비 113.73%에 달한다. 처분예정일은 공개매수 기한이 끝나는 이달 18일이다.

삼익악기 측은 "관계회사가 보유하고 있는 스타인웨이 지분 24만 4,700주도 처분할 예정"이라며 "관계사 처분금액을 포함할 경우 회사의 총 주식매도 금액은 1,741억 5,917만 원"이라고 설명했다.

2009년 삼익악기는 스타인웨이의 3자 배정 유상증자에 참여해 170만 주를 320억에 취득했다. 이후 2차례에 걸쳐 추가로 지분을 사들이며 장부가로 총 854억의 주식을 보유하고 있다.

만약 이번 공개매수가 받아들여진다면 삼익악기는 단순 계산으로 800억이 넘는 차익을 얻게 된 셈이다. 그동안 들어간 이자 비용과 세금 등을 제하면 실제 수중에 들어오는 자금 규모는 상당 폭 줄어들 수 있다.

이번 지분 매각 결정은 삼익악기가 스타인웨이의 경영권 확보에 실패하면서 내려졌다. 삼익악기는 그동안 보유 유형자산을 매각하고 사채 발행, 단기차입금 등을 통해 자금을 마련해 스타인웨이 지분 모으기에 나서왔다.

하지만 세계 최고 업체를 인수하기 위한 과정은 험난했다. 스타인웨이 측의 경영권 방어 조항이 강력했고 경영권 인수를 위해 맞붙은 경쟁자 역시 막강했다. 스타인웨이 기존 경영진은 지분율 35%를 넘기면 기존 주주가 싼 가격에 신주를 인수할 수 있다는 '포이즌필' 조항 등을 마련해 이사회 자리를 지켰다.

지난 3월 전 스타인웨이 최고경영자를 포함한 투자자들이 사모펀드 콜버그를 통해 주당 35달러에 스타인웨이 공개매수에 나섰고, 헤지펀드의 거물 존 폴슨이 이끄는 폴슨앤컴퍼니가 주당 38달러를 제시하며 뛰어들었다. 이에 삼익악기는 주당 39달러를 제시하며 맞불을 놨지만 폴슨 측이 40달러로 가격을 높여 결국 스타인웨이를 품에 넣게 됐다.

한편 삼익악기 주가는 스타인웨이에 대한 공개매수 중단 소식에 11일 4%

넘게 하락했고 뒤이어 전해진 보유지분 처분 소식에 11일에도 약세를 보였다. 지난 6월 25일 1,125원이던 삼익악기 주가는 이후 스타인웨이 매각 기대감에 급등세를 보여 왔고 이날 장 초반 2,490원까지 치솟으며 사상 최고가를 기록한 바 있다.

출처 : 머니투데이, 2013. 9. 13

[도표 16-4] 스타인웨이 인수 추진 공시 이후 삼익악기 주가 흐름 차트

출처 : 네이버 금융

[도표 16-5] 삼익악기의 스타인웨이 공개매수 중단 공시 내용

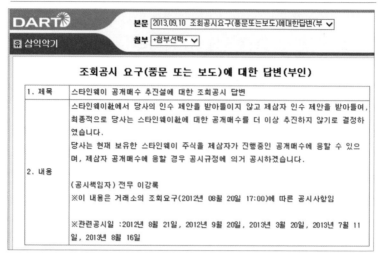

출처 : 금융감독원 전자공시 시스템

2013년 6월 24일 삼익악기 주가는 스타인웨이 인수 기대감에 따라 [도표 16-4]에서 보는 것처럼 급등했다. 하지만 2013년 9월 10일 [도표 16-5]에서 보는 것처럼 삼익악기가 스타인웨이 공개매수를 더이상 추진하지 않기로 했다는 공시를 하면서 주가는 하락세로 돌아섰다.

제 5 장

대주실신

소비자의 눈과 귀가 어디에 쏠리는지 살펴보자. 소비자가 기꺼이 돈을 지출하는 대박상품이 주가를 올린다. 즉, 히트상품은 주주도 웃게 한다. 기업은 다양한 방법으로 주주에게 선물을 준다. 주주 친화 정책을 펼치는 기업은 매력적이다. 그만큼 주가는 오르게 마련이다. 전년도보다 성장한 실적은 주가가 타고 오르는 사다리이다. 조심해야 할 점은 전분기와 비교하지 말고 전년도와 비교하라는 것이다. 신사업에 진출하는 기업에 주목하자. 그들이 변화하는 시대에 발맞추는 만큼 주가도 반응한다.

대박상품

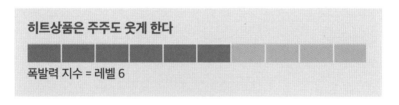

히트상품은 주주도 웃게 한다

폭발력 지수 = 레벨 6

기본정석

특정 제품이나 상품 혹은 드라마 등의 콘텐츠가 시장에서 히트 치는 경우이다. 히트쳤다는 것은 당연히 매출의 상승을 의미하고 이는 곧 기업의 실적 호조로 이어지기에 주가 상승의 강력한 요인 이 된다. 이 경우는 주식투자에 경험이 많지 않은 일반 투자자도 쉽 게 접근할 수 있다.

사례가 너무 많기에(급소 20가지 중 사례가 가장 많다) 두 가지만 구체적으로 들겠다. 사례가 너무 많다는 의미는 자주 나타난다는

195

의미이다. 따라서 이제부터는 흘려버리지 말고 늘 모든 것에 관심을 가지자!

【예제 1】애경산업

일명 '견미리 팩트'로 알려진 에이지투웨니스 에센스 커버 팩트라는 화장품이 홈쇼핑에서 공전의 히트를 쳤다. 2017년 한 해 동안만 약 1,400억 넘게 팔려나간 것이다. 덕분에 국내 생활용품 2위 기업 애경산업의 주가는 [도표 17-1]과 [도표 17-2]에서 보는 것처럼 훨훨 날았다. 그리고 2018년 1분기 호실적 발표 이후에도 [도표 17-3]에서 보는 것처럼 한동안 주가 상승세는 꺾이지 않았다.

[도표 17-1] 애경산업 2018년 1분기 실적 공시

번호	공시대상회사	보고서명	제출인	접수일자	비고
1	유 애경산업	임원·주요주주특정증권등소유상황보고서	이윤규	2018.10.17	
2	유 애경산업	최대주주등소유주식변동신고서	애경산업	2018.10.17	유
3	유 애경산업	주식등의대량보유상황보고서(일반)	AK홀딩스	2018.10.08	
4	유 애경산업	기타안내사항(안내공시)	애경산업	2018.09.19	유
5	유 애경산업	반기보고서 (2018.06)	애경산업	2018.08.14	
6	유 애경산업	연결재무제표기준영업(잠정)실적(공정공시)	애경산업	2018.08.07	유
7	유 애경산업	결산실적공시예고(안내공시)	애경산업	2018.08.02	유
8	유 애경산업	선급금지급결정	애경산업	2018.07.24	
9	유 애경산업	유형자산취득결정	애경산업	2018.06.14	유
10	유 애경산업	분기보고서 (2018.03)	애경산업	2018.05.15	
11	유 애경산업	연결재무제표기준영업(잠정)실적(공정공시)	애경산업	2018.05.08	유
12	유 애경산업	결산실적공시예고(안내공시)	애경산업	2018.05.04	유
13	유 애경산업	임원·주요주주특정증권등소유상황보고서	백차현	2018.04.18	
14	유 애경산업	주식등의대량보유상황보고서(일반)	AK홀딩스	2018.04.17	
15	유 애경산업	[기재정정]주식등의대량보유상황보고서(일반)	AK홀딩스	2018.04.17	

출처 : 금융감독원 전자공시 시스템

[도표 17-2] 애경산업 2018년 1분기 연결재무제표 실적 공시

DART | 본문 | 2018.05.08 연결재무제표기준영업(잠정)실적(공정공시) ∨

애경산업 | 첨부 | +첨부선택+ ∨

연결재무제표 기준 영업(잠정)실적(공정공시)

※ 동 정보는 잠정치로서 향후 확정치와는 다를 수 있음.

1. 연결실적내용

단위 : 백만원, %

구분		당기실적 (2018년 1분기)	전기실적 (2017년 4분기)	전기대비증감율(%)	전년동기실적 (2017년 1분기)	전년동기대비증감율(%)
매출액	당해실적	169,068	188,340	-10.23	144,723	16.82
	누계실적	169,068	628,921	-	144,723	16.82
영업이익	당해실적	21,800	7,908	175.67	16,489	32.21
	누계실적	21,800	49,722	-	16,489	32.21
법인세비용 차감전계속 사업이익	당해실적	22,091	6,339	248.49	15,431	43.16
	누계실적	22,091	48,924	-	15,431	43.16
당기순이익	당해실적	17,282	5,139	236.29	12,066	43.23
	누계실적	17,282	38,061	-	12,066	43.23
지배기업 소유주지분 순이익	당해실적	17,350	2,197	689.71	12,066	43.79
	누계실적	17,350	35,144	-	12,066	43.79
-		-	-	-	-	

2. 정보제공내역	정보제공자	애경산업 경영관리팀
	정보제공대상자	국내외 투자자, 애널리스트 및 언론
	정보제공(예정)일시	공정공시(2018년 05월 08일) 이후 수시제공
	행사명(장소)	

출처 : 금융감독원 전자공시 시스템

[도표 17-3] 애경산업 2018년 1분기 실적 발표 공시 이후 주가 흐름 차트

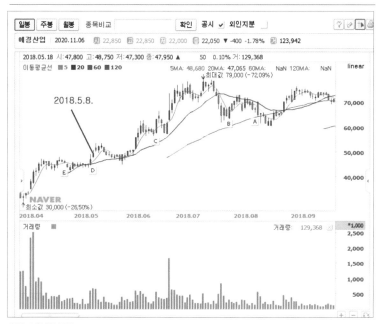

출처 : 네이버 금융

【예제 2】 키이스트

앞에서 예로 든 애경산업과 같은 맥락으로 히트 주체가 제품에서 사람으로 바뀌었을 뿐 기본 원리는 같다. 연예기획사 입장에서는 소속 연예인이 하나의 상품이다. 연예인이 인기를 얻어 CF·드라마 등의 출연료 등이 상승하면 소속사의 매출은 증가한다. 그러면 주가도 당연히 상승한다.

2014년 대박을 터뜨린 드라마 '별에서 온 그대'가 있다. 한국에서 최고 시청률을 기록하더니 중국에서 또 한 번 대박을 쳤다. 그

[도표 17-4] 드라마 '별에서 온 그대' 시청률 대박 전후 키이스트 주가 흐름 차트

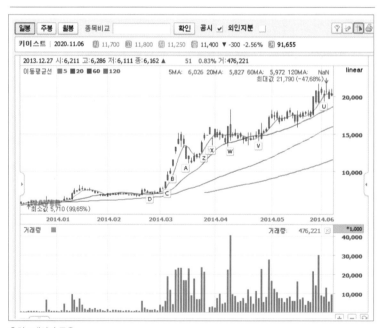

출처 : 네이버 금융

200

바람에 주연을 맡았던 배우 김수현의 몸값은 하늘 높은 줄 모르고 치솟았고 덕분에 소속사인 키이스트의 주가 또한 [도표 17-4]에서 보는 것처럼 훨훨 날았다.

【그 밖의 사례들】

⑴ 대성창투

2014년 7월 김한민 감독의 영화 '명량'이 약 1,800만여 관객을 끌어모았다. 영화가 흥행에 성공하자 여기에 투자한 대성창업투자의 주가가 급등했다.

⑵ 삼양식품

과거 라면 업계에서 하얀 국물 라면이 유행하던 적이 있었다. 삼양식품은 이에 편승해 '나가사끼 짬뽕' 제품을 출시했는데 이것이 공전의 히트를 쳤다. 다음은 당시 관련 기사다.

> 삼양식품의 '나가사끼 짬뽕'이 이마트 매장에서 처음으로 신라면을 제쳐 파란을 일으키고 있다. 삼양식품은 나가사끼 짬뽕이 하루 평균 65만 개씩 생산돼 11월 한 달 동안 1,700만 개가 판매됐다고 1일 밝혔다.
> 이에 따라 '나가사끼 짬뽕'의 월 매출은 100억 원을 돌파해 삼양식품의 전통적인 간판브랜드인 '삼양라면'과 함께 대표 브랜드로 자리매김하고 있다는 설명이다. 이에 삼양식품의 주가는 급등했다.
> 출처 : 머니투데이, 2013. 9. 13

(3) 영원무역

몇 해 전 중고등 학생들 사이에 영원무역이 출시한 NORTH FACE 패딩이 유행처럼 번졌다. 60~70만 원대 고가인 패딩을 학생들이 부모를 졸라 마치 교복처럼 입고 다녀 부모의 등골을 빼먹는 패딩이라 해서 일명 '등골브레이커'라는 별명까지 얻을 정도였다. 이에 힘입어 영원무역 주가는 훨훨 날아갔다.

(4) FNC 엔터테인먼트

'밥 잘 사주는 예쁜 누나' 드라마가 시청률 대박을 터뜨렸다. 이에 주연을 맡았던 배우 정해인은 주목을 받았고 그의 소속사인 FNC 엔터테인먼트의 주가는 급등했다. 앞서 살펴본 '키이스트'의 경우와 같은 원리다.

【Advice】

드라마나 영화는 늘 관심을 가져야 한다. 모두 알다시피 우리나라는 드라마 공화국이다. 대박 나는 드라마들이 쏟아져 나온다. 꼭 그런 것은 아니지만 과거 사례를 보면 평균적으로 드라마가 히트를 칠 경우 주연 배우 소속사의 주가가 상승하고 영화가 히트를 칠 경우에는 투자·배급사의 주가가 상승하는 경우가 많았다.

드라마는 방영 첫 주 시청률이 중요하다. 첫 주 시청률이 향후 드라마의 흥행 성공 여부를 좌지우지하는 경향이 강하기 때문이다.

확인하는 방법은 포털사이트에서 '일간 시청률'을 검색하면 된다. 영화는 '예매율'을 체크한다. '영화진흥위원회 통합전산망' 사이트에서 확인하면 된다.

http://www.kobis.or.kr/kobis/business/main/main.do#

꼭 기억하자!

"히트상품을 사지 말고 히트상품을 만든 기업의 주식을 사라!"

▶ Q&A

Q : 히트상품은 어떻게 찾아내는가?

A : 평소에 편의점을 자주 가서 제품들을 관심 있게 살펴보고 눈길이 가는 제품(특히 신제품)을 발견하면 객관화해서 생각해보자. '나라면 이 제품을 살까?' 아울러 인스타그램 등 타인의 SNS를 자주 방문해 요즘 무엇이 공통적으로 회자되는지 살펴본다. 홈쇼핑도 자주 시청하자! 요즘 뜨는 상품을 바로 확인할 수 있다.

주주 친화 정책

주주에게 선물을 주는 기업이 매력적이다

폭발력 지수 = 레벨 5

기본정석

기업이 주주에게 이득이 되는 조치를 하는 경우인데 자사주 매입, 배당확대, 자사주 소각, 무상증자, 중간배당 등이 이에 해당한다. 이 정책들은 대부분 주주에게 직·간접적으로 이익을 가져다주는 결과를 불러오기에 이런 정책이 발표되면 주가가 상승하는 경우가 많다.

[예제 1] 대성산업

에너지 기업 대성산업은 [도표 18-1]과 [도표 18-2]에서 보는 것처럼 2017년 6월 9일 모회사인 대성합동지주를 흡수합병 후 자사주를 대거 소각하기로 했다는 공시를 냈다. 즉, 대성합동지주가 갖고 있던 대성산업 우선주 2,838만 7,070주와 자기주식 905만 8,472주를 대성산업과 합병한 후 모두 소각하기로 한 것이다.

[도표 18-1] 대성산업 합병 및 자사주 소각 관련 공시

번호	공시대상회사	보고서명	제출인	접수일자	비고
16	유 대성산업	[기재정정]주요사항보고서(회사합병결정)	대성산업	2017.06.13	
17	유 대성산업	[기재정정]주주총회소집결의	대성산업	2017.06.13	유
18	유 대성산업	투자설명서	대성산업	2017.06.12	
19	유 대성산업	[기재정정]증권신고서(합병)	대성산업	2017.06.09	
20	유 대성산업	임원·주요주주특정증권등소유상황보고서	대성합동지주	2017.05.24	
21	유 대성산업	주식등의대량보유상황보고서(일반)	김영대	2017.05.24	
22	유 대성산업	[기재정정]최대주주등소유주식변동신고서	대성산업	2017.05.19	유
23	유 대성산업	기타경영사항(자율공시)	대성산업	2017.05.17	유
24	유 대성산업	[기재정정]주요사항보고서(감자결정)	대성산업	2017.05.16	
25	유 대성산업	분기보고서 (2017.03)	대성산업	2017.05.15	

출처 : 금융감독원 전자공시 시스템

[도표 18-2] 대성산업 합병 관련 공시 내용

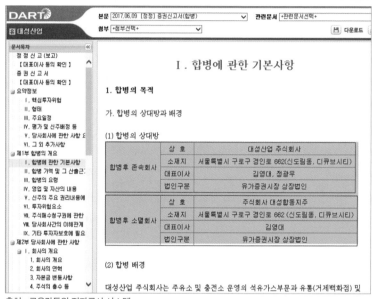

출처 : 금융감독원 전자공시 시스템

출처 : 금융감독원 전자공시 시스템

소각되는 주식은 [도표 18-3]에서 보는 것처럼 합병 후 대성산업 총 발행 주식 수(4,523만 5,478주)의 83%에 해당한다. 이에 대성산업 주가는 [도표 18-4]에서 보는 것처럼 급등했다.

[도표 18-4] 대성산업 합병 및 자사주 소각 관련 공시 전후 주가 흐름

외국인 · 기관 순매매 거래량

날짜	종가	전일비	등락률	거래량	기관 순매매량	외국인 순매매량	외국인 보유주수	외국인 보유율
2017.06.23	4,130	▼ 155	-3.62%	823,268	0	+863	74,260	0.31%
2017.06.22	4,285	▲ 225	+5.54%	3,635,712	0	-12,948	73,397	0.30%
2017.06.21	4,060	▼ 190	-4.47%	1,492,157	+2,160	+3,576	97,513	0.40%
2017.06.20	4,250	▲ 55	+1.31%	6,464,784	+13,450	+29,854	93,937	0.39%
2017.06.19	4,195	↑ 965	+29.88%	1,577,810	0	-13,821	71,919	0.30%
2017.06.16	3,230	▲ 215	+7.13%	2,855,594	-18,167	-23,845	85,740	0.36%
2017.06.15	3,015	▲ 65	+2.20%	53,052	0	-1,221	109,585	0.45%
2017.06.14	2,950	▲ 50	+1.72%	42,281	-83	+3,605	110,806	0.46%
2017.06.13	2,900	▲ 80	+2.84%	98,280	+191	+878	105,201	0.44%
2017.06.12	2,820	▼ 100	-3.42%	83,473	+8,059	+1,854	104,323	0.43%
2017.06.09	2,920	▼ 45	-1.52%	101,182	0	-648	102,469	0.43%
2017.06.08	2,965	▼ 70	-2.31%	92,876	0	-194	103,117	0.43%
2017.06.07	3,035	▼ 50	-1.62%	58,708	0	-1,203	103,311	0.43%
2017.06.05	3,085	▼ 50	-1.59%	34,652	0	-1,509	104,514	0.43%
2017.06.02	3,135	▲ 35	+1.13%	82,221	-9,532	+2,080	106,023	0.44%
2017.06.01	3,100	0	0.00%	80,704	0	-3,640	103,943	0.43%
2017.05.31	3,100	▼ 60	-1.90%	64,605	-867	+2,445	107,583	0.45%
2017.05.30	3,160	▲ 120	+3.95%	81,143	0	-161	105,138	0.44%
2017.05.29	3,040	▼ 75	-2.41%	85,942	0	+1,588	105,299	0.44%
2017.05.26	3,115	▲ 5	+0.16%	79,572	-800	+1,715	103,711	0.43%

출처 : 네이버 금융

Q : 자사주란?

A : 자기주식이라고도 하며 기업이 명의와 상관없이 자신이 발행한 주식을 취득해 보유하고 있는 주식을 말한다.

Q : 자사주 매입이란?

A : 기업이 쌓아놓은 현금으로 주식시장에서 유통되고 있는 자신이 발행한 주식을 사는 것을 말한다. 자사주를 매입하면 시장에서 유통되고 있는 주식 수가 줄어들어 1 주당 순이익(EPS : 당기 순이익을 전체 주식 수로 나눈 값)이 증가하는 효과가 있어 주주에게는 호재이다.

《불편한 진실》

자사주 매입은 어찌 보면 착시현상을 일으키는 필요악인지 모른다. 기업 본연의 가치는 그대로인데 단지 유통되는 주식의 수만 줄었기 때문이다. 이는 기업의 성장성을 보고 장기적으로 투자하는 주주들에게는 실익을 주지 못한다. 반면 단기 시세차익을 노리는 트레이더에게는 실익을 가져다준다. 자사주 매입이라는 호재가 발표되면 주가는 크든 작든 일시적으로 상승하는 경우가 많기 때문이다. 단, 이 책의 내용은 트레이딩 관점에서 서술되기에 자사주 매입이 호재라고 말하고 있다.

Q : 자사주 소각이란?

A : 말 그대로 자사주를 소각하여 없애는 것이다. 소각은 실제로 주식을 불에 태워 없앤다는 의미가 아니고 주식에 표기된 주식 소유자의 권리 등을 지운다는 의미이다. 자사주 소각도 앞서 살펴본 자사주 매입과 마찬가지로 1주당 순이익이 증가하는 효과가 있어 주주에게는 호재로 받아들여진다.

Q : 무상증자란?

A : 자본금을 늘리는 것을 말하는데 증자에는 유상증자와 무상증자가 있다.

유상증자란 주주 혹은 제3자에게 돈을 받고 새로 주식을 발행해 지급하는 것이고 무상증자란 아무런 대가 없이 새로 주식을 발행해 지급하는 것이다. 주주 입장에서는 공짜로 보유 주식 수를 늘린 것이나 마찬가지니 이득으로 본다. 그래서 무상증자가 발표되면 주가가 일시적으로 상승하는 경우가 많다.

하지만 이 역시 앞서 언급한 자사주 매입·소각과 동일하게 기업 본연의 가치는 그대로이기에 나쁘게 표현하면 일종의 합법적인 주가조작인 셈이다. 또한, 무상증자하면 권리락으로 주가가 떨어지고 회사 재산이 불어나는 것도 아니어서 무조건 좋아할 일만은 아니다.

Q : 기업은 왜 무상증자를 실행하는가?

A : 무상증자하면 발행 주식 수가 늘어나고 그만큼 자본금이 늘어나게 된다. 늘어나는 자본금은 보유 자산을 재평가해 남은 차액 적립금이나 이익잉여금 등을 자본으로 전입해 메우게 된다. 한 마디로 자본금을 늘리는 방법이다.

Q : 액면분할이란?

A : 주식의 액면 가액을 일정한 분할 비율로 나눔으로써 주식 수를 증가시키는 일이다. 액면가가 5,000원인 주식 1주를 액면가 1,000원짜리 주식 5개로 쪼갠다. 이렇게 하면 일단 주식 수가 5배로 늘어난다. 하지만 전체 자본금에는 아무런 변동이 없다. 즉, 액면분할은 자본금에는 변동을 주지 않고 전체 주식 수를 늘리는 방법으로 쓰인다.

Q : 기업은 왜 액면분할 실행하는가?

A : 가장 대표적인 이유는 시장에서 거래가 더 활발하게 이루어지도록 만들기 위함이다. A 기업 주식의 시장 가격이 과도하게 높게(이른바 황제주들) 형성되어 주식 거래가 부진할 때 액면 분할을 실시함으로써 1주당 가격을 낮추어 주식 거래를 촉진할 수 있고, 이에 따라 자연히 자본 이득이 발생하는 심리적 효과를 얻게 된다.

【연습문제】

다음 중 주주 친화 정책으로 볼 수 없는 것은?

① 배당확대

② 중간 배당 실시

③ 자사주 소각

④ 액면분할

▶정답 : ④

▶해설

액면분할의 경우 트레이딩 관점에서 보자면 무조건 주주 친화 정책이라고 말할 수 없다. 왜냐하면 악재일 수도 있고 호재일 수도 있기 때문이다. 여기서 악재는 주식 수가 늘어나기 때문에 주당 순이익이 줄어드는 효과를 말하는 것이고, 호재는 높은(이른바 황제주들) 주가로 인해 시장 참여자들이 갖는 심리적 거부감을 없애 거래 활성화가 일어나는 것을 말한다.

결론적으로 액면분할은 사안에 따라 주주 친화 정책이라는 호재가 될 수도 있고 아닐 수도 있기에 신중히 접근해야 한다.

액면분할의 예시

2018년 4월, 삼성전자는 주식 거래량을 늘리기 위해 50분의 1로 액면분할을 시행했다. 하지만 [도표 18-5]에서 보는 것처럼 액면분할 이후 거래가 재개된 삼성전자 주가 흐름은 실망스럽기만 하다. 당시 삼성전자 주가는 270만 원에 육박하고 있어 개인 투자자가 매매하기에는 부담스러운 상태였다. 당시 기사내용을 살펴보자.

지난 4월 25일 '슈퍼개미' 한 명이 미래에셋대우 창구를 통해 삼성전자 주식 8만 주가량을 사들였다. 액면분할이 호재가 될 것이란 기대에 2,000억 원가량을 삼성전자에 베팅한 것이란 분석이 나온다. 개인 투자자는 이날 삼성전자 주식 3,839억 원어치를 산 데 이어 26일에도 627억 원어치를 사들이는 등 이달 들어서만 8,954억 원어치를 순매수했다. 삼성전자가 사상 최대 실적을 이어가는 가운데 유통 물량이 늘고 주당 가격이 내려가면 주가가 상승할 것이란 기대에 개인 투자자의 관심이 높아지고 있다.

하지만 거래가 재개된 2018년 5월 4일 이후 주가 흐름을 보면 실망스럽다.

출처 : 한국경제 2018. 4. 26

자사주 매입의 진실

자사주 매입은 분명 주주들에게 이득이다. 하지만 꼭 그렇지만도 않다는 주장이 최근 일고 있다. 자사주를 매입하면 주당 순이익은 높아진다. 이는 순이익은 변함이 없는데 주식 수만 줄여서 마치 실적이 더 좋아지고 있다는 착시현상을 불러일으킨다. 따라서 주가 차익만 노리는 단기 트레이더의 배만 불리고 정작 회사 비전을 보고 장기적으로 투자하는 투자자들에게는 오히려 손해만 끼친다는 논리다. 과격하게 말하자면 합법적인 분식회계라는 것이다. 맞는 얘기이다. 하지만 이 책은 철저하게 트레이딩에만 맞춰 서술되었기 때문에 자사주 매입은 분명 호재라고 말할 수밖에 없는 입장임을 이해 바란다.

▶ Q&A

Q : 유상감자와 무상감자는 어떻게 다른가?

A : 먼저 공통점부터 알아보면 두 가지 모두 자본금을 줄이는 행위이다. 차이점은 유상감자는 비유하자면 물건을 사간 고객이 환불을 요청하는 것과 같다. 즉, 기업은 자신이 발행한 주식을 소유한 주주로부터 1주당 얼마씩을 주고 주식을 되찾는 것이다.

반면, 무상감자는 말 그대로 무상 즉, 금전을 지급하지 않고 일방적으로 자신이 발행한 주식을 거둬들이는 것이다. 당연히 주주에

[도표 18-5] 액면분할 이후 삼성전자 주가 흐름 차트

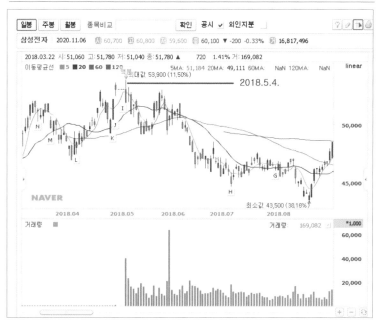

출처 : 네이버 금융

게는 불리하다.

또한, 감자에는 감자비율이 따른다. 예를 들어 감자비율이 8 : 1이면 주식 8주를 1주로 줄인다는 의미이다.

Q : 감자는 왜 하는가?

A : 유상감자와 무상감자의 경우가 좀 다른데 지면 관계상 무상감자에 국한해 설명해보겠다. 무상감자를 하는 가장 대표적인 경우는 기업이 법정관리(기업회생) 중인 경우이다. 일반적으로 법정관리에 들어간 기업은 "청산이냐, 매각이냐."라는 두 가지 갈림길에 선다.

매각되는 경우 인수자는 보통 기존 주주들에게 무상감자를 요구한다. 인수자 입장에서 기업을 인수하고 난 후 안정적인 경영권 확보가 무엇보다 중요하다. 최소 60% 이상의 지분이 확보되어야만 하기에 구주 감자를 필수적으로 감행해야 한다.

이 과정에서 감자비율이 문제이다. 기존 주주들은 감자비율이 낮게 책정되기를 바라고 인수자는 반대로 감자비율이 높게 책정되기를 바란다. 이해관계가 서로 다르다 보니 갈등의 요소가 된다.

실적 개선

전년도보다 성장한 실적은 주가가 오르는 사다리다

폭발력 지수 = 레벨 6

기본정석

말 그대로 매출액 증대, 영업이익 증대, 당기순이익 증대 등 기업의 실적이 좋아지는 경우이다. 흔히 말하는 어닝 서프라이즈가 여기에 해당한다.

주목할 것은 분기 실적을 볼 때 전 분기가 아니라 전년 동기와 비교해봐야 한다.

산업 특성상 비수기가 있고 성수기가 있다. 1분기가 비수기고 2분기가 성수기인 산업의 경우 당연히 1분기 실적은 안 좋고 2분기 실적은 좋다. 이 경우 2분기 실적을 전 분기인 1분기와 비교하면 당연히 실적이 급성장한 것으로 판단되는 착시현상이 나타난다. 따라서 이 경우에는 필수적으로 전년도 2분기 실적과 비교해야 한다.

▶ Q&A

Q : 기업의 실적이 개선될 것을 미리 어떻게 알 수 있는가?

A : 물론 신이거나 기업 내부자가 아닌 이상 100% 정확히 예측하기는 어렵다. 산업 전반에 관한 지식과 이해가 뒷받침되어야만 가능하다. 그럼에도 불구하고 개인 투자자가 예측하는 방법에 관해 두 가지 방법을 제시하고자 한다.

첫째, 경제신문을 보며 전문가들의 도움을 받는다.

'한국경제신문', '매일경제신문' 같은 신문을 보면 매년 1월, 4월, 7월, 10월 초 '어닝시즌 실적 개선주를 찾아라!' 등의 헤드라인으로 호실적 발표가 예상되는 종목을 많이 추천한다. 물론 이 방법도 100% 정확하다고 말할 수는 없다. 원숭이도 나무에서 떨어지듯 전문가도 틀릴 때가 있기 때문이다.

둘째, '기저 효과'를 이용한다.

전년도 동 분기에 실적이 최악으로 나와 올해 동 분기에는 기저효과를 보는 종목들이다. 특히 실적 저조의 원인이 기업의 역량과는 상관없는 외부 요인에 있다면 더욱 주목하자.

[예시 1] 중국의 한반도 사드 배치에 따른 보복 사례

2016년 7월(3분기) 대한민국 국방부는 북한군의 군사위협에 효과적으로 대응하기 위해 경북 상주지역에 사드(고고도 미사일 방어체계)를 배치하겠다고 공식 발표를 했다. 이에 중국 정부는 한반도 사드 배치는 곧 자신들의 안보를 위협하는 행위라며 예정돼 있던 대구와 칭다오 간의 교류 행사인 치맥 축제를 즉각 취소해버리는 등 반발이 거셌다. 그뿐 아니라 중국인 단체 한국 여행 금지를 위시한 몇몇 강력한 조치를 내놨다. 이에 따라 한국 주식시장에서 관련주들 주가는 추풍낙엽처럼 떨어지기 시작했다. 화장품, 여행, 항공, 엔터테인먼트 등 중국 소비 관련주가 직격탄을 맞았고 특히 롯데그룹은 소유 중이던 성주 골프장 부지를 정부에 제공했다는 이유로 중국 정부의 집중 타깃이 되었다.

그러나 증시엔 영원한 악재도 영원한 호재도 없다. 영원히 풀리지 않을 것 같았던 한중 관계는 2017년 5월 들어서 조금씩 풀리는 분위기가 만들어졌다. 새로 들어선 문재인 정부 출범 이후 중국과의 관계가 개선될 것이라는 기대감이 크게 작용했다. 따라서 관련주들의 실적이 기저 효과로 인해 좋아질 것이라는 기대감에 주가들 또한 상승하기 시작했다. LG생활건강, 호텔신라, 코스맥스 등 중국 소비 관련주들의 주가가 들썩이기 시작해 10월 들어서는 상승폭이 더욱 커졌다.

◆2017년 10월 13일부터 10월 26일간 중국 소비 관련주들의 주가 움직임

① 화장품 관련주 아모레퍼시픽 : 약 25% 상승

② 면세점 관련주 호텔신라 : 약 21% 상승

③ 카지노 관련주 파라다이스 : 약 21% 상승

④ 여행 관련주 하나투어 : 약 18% 상승

⑤ 엔터테인먼트 관련주 에스엠 : 약 10% 상승

증시에는 영원한 악재도 영원한 호재도 없다. 기업을 날려버릴 정도의 악재(상장폐지, 법정관리 등)가 아니고 악재를 촉발한 요인이 외부 환경에서 온 것이라면 시간의 차이는 있겠으나 반드시 회복한다. 따라서 악재가 터졌다고 무조건 외면할 것이 아니라 악재를 촉발한 요인을 분석하자. 만약 펀더멘털과는 전혀 상관없는 악재라면 주기적으로 모니터링을 하여 기회를 기다려야 한다. 낙폭이 크면 그만큼 등폭도 큰 법이다.

Q : 기업의 실적발표 후에는 기회가 없는가?

A : 그렇지 않다. 100%라고 말할 수는 없지만 조금만 부지런하면 의외로 실적발표(재료 노출) 후에도 주가가 상승하는 경우가 많다. LG화학은 2018년 7월 24일 실적발표 공시 후 25일 9.38% 급등했다.

흔히 뉴스에 나오거나 재료가 노출되면 개미는 '정보가 없어서' 손해봤다고 한다. 꼭 그런 것만은 아니다. 눈높이를 조금만 낮추고 탐욕을 버리고 위의 LG화학과 대상을 보아라!

대상은 2018년 8월 16일 10% 급등했다. 기대 이상의 어닝 서프라이즈를 낸 실적이 주가를 밀어 올린 것이다. 올 2분기 영업이익이 354억에 달해 증권사 추정치를 30% 웃돌았다.

덴티움

임플란트 전문기업 덴티움의 주가는 2018년 2월 13일 7% 상승

상승 요인 : 2017년 영업이익이 404억으로 2016년 대비 41% 증가한 실적

제주항공

실적 개선 호재로 2018년 2월 한 주간 약 12% 상승

상승 요인 : 2016년보다 영업이익이 73% 증가한 1,013억 기록

신사업 진출

변화하는 시대에 발맞추는 회사는 성장한다

폭발력 지수 = 레벨 6

기본정석

기업이 기존 사업 외에 추가로 유망한 사업에 신규로 진출하는 경우이다. 투자에 있어 특별히 주의를 요해야 하는 시기다. 주가를 인위적으로 끌어올리기 위해 허위로 공시하거나 아무런 준비도 되어 있지 않은 상태에서 신사업 진출을 선언하는 경우가 많기 때문이다

일례로 2017년 비트코인 광풍이 불었을 때 대다수 기업이 암호화폐 관련 사업 진출을 선언하여 주가가 급등하는 경우가 속출했

으나 일부 기업들은 허위이거나 사업능력 부족 등으로 흐지부지된 경우가 있었다. 따라서 신사업 진출 관련해서는 철저하게 단기 트레이딩 관점으로만 접근해야 한다.

설령 신사업 진출이 사실이더라도 실제 성과가 나오기까지 수개월 이상 시간이 걸린다. 그러기 때문에 결단코 단기 트레이딩 관점으로만 접근해야 한다!

【예시 1】 LG유플러스

2018년 3월 16일 정기 주주총회에서 LG유플러스는 [도표 20-1]과 [도표 20-2]에서 보는 것처럼 드론 관련 사업(드론 제조, 판매, 대여 등)을 추진하며 정관의 사업목적에 추가했다. LG유플러스는 이미 2017년 말부터 드론 분야에 뛰어들었지만 이를 신성장동력으로 적극 육성하기 위해 사업목적에 추가한 것이다. 이날 LG유플러스 주가는 3.21% 상승했다

[도표 20-1] LG유플러스 정기 주주총회 관련 공시

| 회사명 | LG유플러스 | 회사명찾기 ▸ | ☑ 최종보고서 | 검색 | 🔍 |

기간 20180301 🗓 - 20180411 🗓 1주일 1개월 6개월 1년 2년 3년 전체

☐ 정기공시 ☐ 주요사항보고 ☐ 발행공시 ☐ 지분공시 ☐ 기타공시 ☐ 외부감사관련 ☐ 펀드공시 ☐ 자산유동화 ☐ 거래소공시 ☐ 공정위공시

조회건수 15 ▾   접수일자 ▾   회사명 ▾   보고서명 ▾

번호		공시대상회사	보고서명	제출인	접수일자	비고
16	㈜	LG유플러스	최대주주등소유주식변동신고서	LG유플러스	2018.03.20	㈜
17	㈜	LG유플러스	임원·주요주주특정증권등소유상황보고서	권영수	2018.03.20	
18	㈜	LG유플러스	사외이사의선임·해임또는중도퇴임에관한신고	LG유플러스	2018.03.16	
19	㈜	LG유플러스	사외이사의선임·해임또는중도퇴임에관한신고	LG유플러스	2018.03.16	
20	㈜	LG유플러스	특수관계인에대한출자	LG유플러스	2018.03.16	공
21	㈜	LG유플러스	정기주주총회결과	LG유플러스	2018.03.16	㈜
22	㈜	LG유플러스	감사보고서제출	LG유플러스	2018.03.08	㈜
23	㈜	LG유플러스	기업설명회(IR)개최(안내공시)	LG유플러스	2018.03.07	㈜

◄◄ ◄ 1 2 ► ►►   [2/2] [총 23건]

상기 보고서명 앞의 대괄호([]) 및 비고란의 약어(예:정)에 마우스를 위치하면 설명이 나타나니 참고하시기 바랍니다.

출처 : 금융감독원 전자공시 시스템

【예시 2】GS리테일

편의점 GS25를 운영하는 GS리테일은 [도표 20-3]과 [도표 20-4]에서 보는 것처럼 2018년 3월 열린 정기 주주총회에서 정관을 변경하고 사업목적에 가상현실(VR) 사업을 추가했다. 이에 앞서 GS리테일은 2018년 3월 초에 KT와 손잡고 신촌에 가상현실 게임을 체험해볼 수 있는 브라이트를 열었다. GS리테일은 2020년까지 지점을 200여 개로 늘린다는 목표다.

[도표 20-2] LG유플러스 정기 주주총회 관련 공시 내용

DART **LG유플러스**

본문 | 2018.03.16 정기주주총회결과
첨부 | +첨부선택+

[감사위원선임 세부내역]

성명	출생년월	임기	신규선임 여부	사외이사여부	주요경력(현직포합)
선우명호	1953-03	3	재선임	사외이사인 감 사위원	現)한양대학교 미래자동차공학과 교수 前)세계전기자동차협회 회장 前)한국자동차공학회 회장 前)한양대학교 경영부총장
정하봉	1958-10	3	재선임	사외이사인 감 사위원	現)홍익대학교 전자전기공학부 교수 前)홍익대학교 유무선통합광통신연구소장 前)美뉴욕주립대학교 조교수

[사업목적 변경 세부내역]

구분	내용		이유
1. 사업목적 추가	무인비행장치(관련 모듈 포함)의 구입, 제조, 판매 및 대여업, 정비, 수리 또는 개조 서비스, 무인비행장치사용사업 등		이동통신망을 활용한 사업 다각화
2. 사업목적 삭제	-		-
3. 사업목적 변경	변경전	변경후	-
	-	-	-

출처 : 금융감독원 전자공시 시스템

[도표 20-3] GS리테일 정기 주주총회 관련 공시

출처 : 금융감독원 전자공시 시스템

[도표 20-4] GS리테일 정기 주주총회 관련 공시 내용

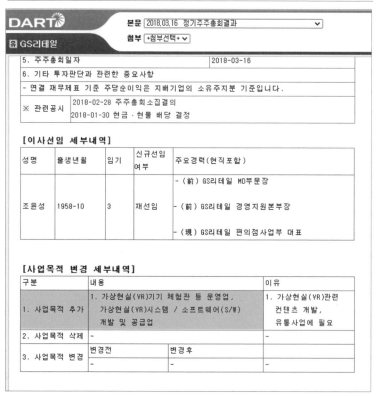

DART
GS리테일

본문 2018.03.16 정기주주총회결과
첨부 +첨부선택+

5. 주주총회일자				2018-03-16
6. 기타 투자판단과 관련한 중요사항				
- 연결 재무제표 기준 주당순이익은 지배기업의 소유주지분 기준입니다.				
※ 관련공시	2018-02-28 주주총회소집결의 2018-01-30 현금ㆍ현물 배당 결정			

[이사선임 세부내역]

성명	출생년월	임기	신규선임 여부	주요경력(현직포함)
조윤성	1958-10	3	재선임	- (前) GS리테일 MD부문장 - (前) GS리테일 경영지원본부장 - (現) GS리테일 편의점사업부 대표

[사업목적 변경 세부내역]

구분	내용		이유
1. 사업목적 추가	1. 가상현실(VR)기기 체험관 등 운영업, 가상현실(VR)시스템 / 소프트웨어(S/W) 개발 및 공급업		1. 가상현실(VR)관련 컨텐츠 개발, 유통사업에 필요
2. 사업목적 삭제	-		-
3. 사업목적 변경	변경전	변경후	-
	-	-	-

출처 : 금융감독원 전자공시 시스템

228

【예시 3】코데즈컴바인

언더웨어 전문 생산업체 코데즈컴바인은 [도표 20-5]와 [도표 20-6]에서 보는 것처럼 2020년 8월 25일 열린 임시주주총회에서 마스크 등 섬유제품 제조 및 판매업, 의약품·의약외품·보건용품 제조 및 판매업을 사업목적에 추가하는 정관 변경의 건을 원안대로 승인했다고 공시했다. 이날 이후 2일간 주가는 7% 이상 상승했다.

[도표 20-5] 코데즈컴바인 임시 주주총회 관련 공시

출처 : 금융감독원 전자공시 시스템

[도표 20-6] 코데즈컴바인 임시 주주총회 관련 공시 내용

DART

코데즈컴바인

본문 | 2020.08.25 임시주주총회결과 | ∨

첨부 | +첨부선택+ ∨

임시주주총회 결과

1. 결의사항	1. 정관일부 변경의 건 (사업목적 추가) -> 원안대로 승인
2. 주주총회 일자	2020-08-25
3. 기타 투자판단에 참고할 사항	
-	
※관련공시	2020-07-13 주주총회소집결의 2020-08-10 주주총회소집공고

사업목적 변경 세부내역

구분	내용		이유
사업목적 추가	20. 마스크 등 섬유제품 제조 및 판매업 21. 의약품, 의약외품, 보건용품 제조 및 판매업		사업다각화
사업목적 변경	변경전	변경후	이유
	-	-	-
사업목적 삭제	-		-

출처 : 금융감독원 전자공시 시스템

230

업종별
주가 상승의 급소

건설 업종

1. 건설 업종의 맥

건설산업은 정부가 펼치는 정책과 매우 밀접한 관계가 있다. 정부가 부동산 규제를 푸는 등 강력한 부동산 경기 부양책을 쓰면 건설산업은 호황을 누린다. 반대로 억제책을 쓰면 불황이 온다. 그렇기에 경기 사이클이 존재하는 산업이며 경기상황에 따라 이익의 변동성이 확대되는 산업이다.

주택사업 부문은 부동산 경기, 토목사업 부문은 정부의 사회간접자본(SOC) 예산, 플랜트 부문은 원유가격과 밀접한 연관이 있다.

건설산업은 세부적으로는 종합건설, 건축자재(시멘트, 레미콘 등), 인테리어, 건설기계 4가지 분야로 분류할 수 있다. 종합건설은 전방산업으로 불리고 나머지 건축자재, 인테리어, 건설기계 등은 후방산업으로 불린다.

한편 종합건설기업은 주택, 건축, 플랜트, 토목을 모두 관리하는 대형건설사와 주로 주택공사 위주로만 건설하는 중소형건설사로 분류된다. 그래서 부동산 경기에 매우 민감하며 국제 원유가격 등도 많은 영향을 미친다. 국제 원유가격이 뛰면 중동 등 산유국들이 정유 관련 시설 등의 대규모 플랜트 건설 발주를 내기 때문이다.

▶Q&A

Q : 플랜트란?

A : 암모니아 생산 공장, 정유 공장, 산성가스 및 황회수설비, 저밀도폴리에틸렌 공장, 복합화력발전소 등 대규모 장치산업을 말한다.

2. 주가 상승과 하락 요인

☀ **주가 상승 요인** : 국내 부동산 시장 호황, 고유가로 인한 해외 수주량 증가(즉, 고유가로 인해 중동 국가의 재정상태가 좋아져 건설 프로젝트가 활기를 띤다 → 오일 메이저의 플랜트 발주 증가), 정부 및 지자체의 도시정비사업(재건축, 재개발) 확대, 금리하락, 우파정권 수립(대체로 우파정권은 부동산 경기 부양책을 쓴다) 등.

☂ **주가 하락 요인** : 정부의 SOC에 대한 투자 축소(예: SOC 예산 대폭 삭감), 강력한 부동산 대책(주택시장 규제, 예를 들면 다주택자에

대한 양도소득세 중과세, 대출 억제 정책), 주택매매량 감소(부동산을 사는 수요 감소 → 건설사 실적 악화), 재건축시장 초과이익 환수제 시행, 대폭 증가하는 공급량(공급 과잉), 금리 상승(주택담보 대출금리 상승), 전국 아파트 분양 물량 감소(매출로 이어지는 주택 수주 감소를 의미하며 특히, 주택사업 비중이 높은 건설사에는 큰 타격이다), 경기 수축 국면(부동산 가격 증가세 둔화, 거래량 감소), 좌파정권 수립(대체로 좌파정권은 부동산을 공공재로 인식하기 때문에 집값을 잡기 위해 적극적으로 시장에 개입해 세금 인상 등 수요 억제 정책을 많이 쓴다).

【참고】대림산업

대림산업의 2018년 1~3분기 누적 영업이익은 6,787억으로 전년도 동기대비 49% 늘었다. 그러나 2018년 10월 말까지 좀처럼 상승세를 타지 못했다. 주력인 플랜트 부문 수주가 급감한 것이 핵심 요인이다. 2016년 말 4조 3,000억이던 해외 플랜트 수주 잔액은 2018년 3분기 말 1조 1,000억으로 줄었다. 미국의 이란 제재에 따른 여파로 중동 수주 물량이 급감한 것이다.

3. 관련 기업

종합건설기업 : 현대건설, GS건설, 동양건설산업, 대우건설, HDC현대산업개발, 롯데건설, SK건설, 대림산업, 포스코건설, 롯데건설 등

【연습문제】

1. 다음 중 건설사에 있어 호재가 아닌 것은?

① 정부의 잇따른 대규모 신도시 건설 정책 발표

② 저유가

③ 정부의 강력한 부동산 경기 부양 정책

④ 정부의 대규모 인프라 투자

▶정답 : ②

▶해설 : 앞서 말한 대로 저유가는 건설사에 악재다.

건설장비 업종

1. 건설장비 업종의 맥

전방 산업인 건설경기가 호황이어야 하고 세계 최대 건설장비 수요국인 중국이 중요하다. 2017년 한국의 전체 기계 수출 중 23%를 중국이 수입했다. 주로 수입하는 기계는 굴삭기 등 건설장비이다. 현재 중국으로 가는 굴삭기 대부분은 두산인프라코어와 현대건설기계가 공급 중이다.

인도 또한 건설장비 분야 최대 시장으로 떠오르고 있다. 나렌드라 모디 총리의 SOC 투자 확대로 인해 인도의 건설장비 시장 규모는 2022년까지 약 39,000대 수준으로 매년 10% 이상 성장할 것으로 보인다.

건설장비의 종류

① 굴삭기

② 백호로더(앞쪽에는 짐을 들어 올리는 로더, 뒤쪽에는 굴삭기를 장
착한 다목적 건설장비. 두산밥캣의 주력제품으로 8~34톤급 중소형
굴삭기가 있다)

2. 주가 상승과 하락 요인

☀ **주가 상승 요인** : 건설경기 호황, 중국의 건설장비 수요 증가
(예 : 시진핑 정부의 일대일로 프로젝트, 원자재 가격 상승으로 인한 광산
개발 증가 등, 고유가로 인한 글로벌 자원개발 수요 증가), 세계 각국의
인프라 투자 증가.

☂ **주가 하락 요인** : 건설경기 불황, 정부의 SOC 관련 예산 대폭
축소

3. 관련 기업

① 두산인프라코어

② 현대건설기계(주요 생산 제품 : 굴삭기, 지게차, 휠로더&매출의
80%가 해외에서 발생)

위 두 회사 모두 인프라 투자와 자원개발에 사용되는 중대형 굴
삭기와 휠로더 등을 생산한다.

③ 진성티이씨

롤러, 아이들러 등 굴삭기의 하부 주행체를 생산한다. 글로벌 최대 건설장비 제조사인 캐터필러와 두산인프라코어 등에 납품하고 있다. 전체 생산량의 60% 이상을 캐터필러에 납품하고 있다.

▶Q&A

Q : 중국 내 굴삭기 판매량을 확인하려면?

A : 중국 공정 기계협회에서 확인한다.

시멘트 업종

1. 시멘트 업종의 맥

무엇보다 중요한 것은 전방산업인 주택경기, SOC 사업이다. 하지만 성장할 여지가 보이지 않는 대표적인 성장한계 산업이며 독과점 산업이다. 1990년대 들어 경제성장률이 정체되면서 사실상 성장이 멈췄다.

시멘트 제조 과정

원재료 : 석회석, 유연탄

시멘트는 주원료인 석회석과 부원료인 점토, 규석, 철광석 등을 일정하게 혼합해 섭씨 1,450도 이상의 고온으로 구워 만든다.

산업 특성

시멘트는 무게가 많이 나가 수출하기 위해서는 많은 물류비용이 든다. 또한 장기 보관하면 굳어버리는 것도 수출을 어렵게 하는 요인이다. 국내 시멘트 업체의 전체 출하량 가운데 수출이 차지하는 비중은 10%에 불과하다. 그로 인해 시멘트 산업은 내수 산업이기 때문에 시장 자체가 한정되어 있다. 경기의 부침도 덜 받는다. 즉, 아무리 경기가 안 좋아도 시멘트에 대한 수요는 꾸준해서 경기의 부침도 덜 받는다. 대부분의 시멘트 공장이 해안가에 있어 선박을 이용한 대량 운송이 가능하다.

시멘트의 종류

① 포틀랜드 시멘트 : 석회질 원료와 점토질 원료를 혼합한 시멘트
② 슬래그 시멘트 : 석회를 배합한 것

중요 지표

유연탄 가격 : 시멘트 가격 중 가장 높은 비율을 차지한다.

2. 주가 상승과 하락 요인

☀ **주가 상승 요인** : 시멘트 가격 상승, 정부의 SOC 예산 확대, 정부의 대규모 주택 공급 정책, 아파트 분양시장의 호황(분양 물량 증

가에 따른 시멘트 출하량 증가), 모르타르 가격 인상, 유연탄 가격 하락

☂ **주가 하락 요인** : 정부의 환경 규제 강화(배출권 거래제, 지역자원 시설세, 질소산화물 배출 부과금 등등), 정부의 부동산 규제 강화 정책, 주택과 건설경기 침체에 따른 공급 축소, 유연탄 가격 상승, 중국의 저가 시멘트 공습, 시멘트 업체 간 과당 경쟁(시멘트 판매가격 하락), 유연탄 가격 상승

▶**Q&A**

Q : 지역자원 시설세란?

A : 시멘트 생산량 1톤당 1,000원을 부담해야 하는 세금. 업계는 이 정책이 시행될 시 비용이 연간 500억 이상 발생할 것으로 예상한다.

3. 관련 기업

• 쌍용양회공업, 한라시멘트, 성신양회, 동양시멘트, 한라시멘트, 아세아시멘트, 현대시멘트

→ 이들 7개사가 시장 점유율 89%를 차지한다.

• 한국시멘트, 한남시멘트, 고려시멘트, 대한시멘트

→ 이들 4개사의 시장 점유율은 11%이다.

레미콘 업종

1. 레미콘 업종의 맥

무엇보다 전방산업인 건설경기가 매우 중요하다. 레미콘은 제조 후 90분 이내에 타설하지 않으면 굳어져 쓸 수 없게 된다. 건설사는 레미콘의 이러한 특성을 고려해 레미콘이 필요한 시기와 수량을 미리 정해 레미콘 공장에 주문을 넣는다.

이러한 이유로 레미콘 업체의 실적이 건설경기를 가늠하는 바로미터로 통한다. 한국레미콘공업협동조합에 의하면 레미콘 공장 수는 2019년 12월 기준으로 1,085개로 30년 만에 약 2배로 증가했다. 그러나 전방산업인 건설 업황이 나빠지면서 2019년 전국 레미콘 출하량도 전년도 대비 약 6% 감소했다. 이에 따라 2019년 레미콘 공장 가동률은 24%까지 떨어졌다.

산업 구조

레미콘 업체는 지입차주인 레미콘 운송사업자와 직접 운반 계약을 맺는다. 매년 레미콘 운반 사업자 상조회와 협의해 운송비를 결정하는 구조다.

연도별 레미콘 출하량 (단위 : 10만㎥)

① 2016년 : 1,715

② 2017년 : 1,742

③ 2018년 : 1,557

④ 2019년 : 1,469

2. 주가 상승과 하락 요인

☀ **주가 상승 요인** : 주택경기 호황, 건설경기 호황, 원자재 가격 하락(모래 가격 하락), 레미콘 운송비 하락, 신도시 건설, 정부 SOC 관련 예산 증액

☂ **주가 하락 요인** : 건설경기 침체, 원자재 가격 상승, 운송비 상승, 전국 건축허가 면적 감소, 정부의 바닷모래 채취 금지로 인한 모래 가격 상승

3. 관련 기업

쌍용양회, 한일시멘트, 유진기업, 동양, 아세아시멘트, 보광산업, 성신양회, 고려시멘트 등

은행 업종

1. 은행업종의 맥

정부의 규제(예대율 규제 등)를 많이 받는다. 은행업은 영업이익보다 당기순이익이 중요하다. 따라서 은행의 재무제표를 분석할 때는 당기순이익부터 확인해야 한다.

은행의 부실 여부 파악을 위한 체크 포인트

① BIS(자기자본비율) : 9.4%라면 양호한 편

② 고정 이하 여신 비율 : 2.5%라면 건전한 편

③ 대손 충당금 규모 : 충당금 규모가 클수록 안 좋음

경영악화로 인한 BIS 하락을 타개할 수 있는 자본금 확충 방안

① 유상증자

② 대주주가 자본을 투입(추가 출자)

③ 공적자금 투입

④ 외부(전략적)에서 투자자를 유치

⑤ 사모펀드(재무적 투자자) 유치

부실은행이 되는 경우

① 부채가 자산을 초과

② 예금 등 채권의 지급이 정지 상태거나 곤란한 경우

③ 차입금 상환이 정지 상태거나 곤란한 경우

④ BIS가 4% 미만

⑤ 경영 실태 평가 결과가 5등급(위험)

중요 지표

① 부동산 경기

② 순이자 마진

③ 금리

④ 부실채권 비율

2. 주가 상승과 하락 요인

☀ **주가 상승 요인** : 금리 인상(시중금리 상승→이자수익 증가), 대
손충당금 비용 하락

☂주가 하락 요인 : 정부의 대출 규제, 부실채권 증가, 대규모 구조조정 급증, 수출둔화, 금리하락(저금리 기조는 이자 이익이 실적의 대부분을 차지하는 국내 은행들에 있어 치명적이다), 정부의 대출 규제 정책, 부동산 경기 하락, 한은의 기준금리 인하(국내 금융지주사들의 순이익 중 은행 비중은 64%를 차지할 만큼 절대적이다).

▶ Q&A

Q : 대출금리 결정 구조는?

A : 대출금리 : 기준금리+가산금리 − 우대금리

기준금리는 시장금리와 연동되는 금리고 가산금리는 은행 인건비, 업무 원가, 세금, 대출자 신용도를 고려한 위험 비용 등을 합쳐 산출하는 금리다. 우대금리는 대출자가 신용카드를 만들어 사용하거나 급여통장을 옮길 때 적용하는 금리다.

문제는 가산금리다. 기준금리는 시장금리와 연동되므로 시장금리가 떨어지면 같이 떨어지고 오르면 같이 오른다. 그러나 가산금리는 시장의 상황에 따라 은행이 자율적으로 결정할 수 있어 언제나 문제가 된다. 가산금리 산정 기준과 시기 등은 영업비밀로 공개하지 않기 때문에 그 적정성을 따져보기에도 한계가 있다.

가산금리는 통상적으로 기준금리와 반대 방향으로 움직인다. 기준금리가 하락세일 때는 보통 경기가 안 좋다. 이에 따라 대출 회수가 어려워질 수 있는 만큼 가산금리는 상승한다. 돈을 떼일 가능성이 커지므로 은행이 가산금리를 올려 이자를 더 받아 가는 것이다.

가산금리 구성 요소
- 업무 원가 : 인건비 등
- 법적 비용 : 신용보증기금 출연료 등
- 리스크 프리미엄 : 조달금리와 대출기준금리 간 차이
- 유동성 프리미엄 : 대출기준금리 변동주기보다 만기가 긴 변동금리대출에 적용되는 자금 재조달 리스크
- 신용 프리미엄 : 차주의 신용등급, 담보의 종류 등 예상손실 비용
- 자본비용 : 예상치 못한 손실에 대비해 쌓아놓아야 하는 자본의 기회비용
- 목표수익률 : 은행이 경영목표 달성을 위해 책정한 이익률
- 가감 조정금리 : 월급통장, 신용카드 사용 등 감면

3. 관련 기업

KB금융지주, 신한금융지주, 하나금융지주, 우리금융지주, 대구은행 등

편의점 업종

1. 편의점 업종의 맥

과거에는 담배 매출이 전체 매출의 절반 가까이 차지했으나 지금은 30% 대로 떨어진 상태다. 그 대신 먹거리 비중이 많이 올랐다. 도시락, 떡볶이, 커피, 디저트, 치킨 등 간식거리, 조각케이크, 외국산 맥주, 택배 서비스 등 서비스의 다양화로 골목상권의 최강자로 부상 중이며 생활 플랫폼으로도 진화하고 있다.

2017년 2,500억 원 수준이던 도시락 매출이 2018년에는 약 3,500억 원에 이르고 있다. 이는 2017년과 비교하면 약 40%가량 증가한 수치다. 원두커피 또한 순항 중이다. 가성비가 좋다는 입소문에 힘입어 2016년 9,450만 잔에서 2017년 1억 6,900만 잔으로 급증했다. 디저트류 또한 약진 중이다. 매장에서 직접 빵을 구워내는 고급 디저트를 출시하고 있다. 그중 CU가 일본에서 직수입해오는 리얼 모찌롤은 이른바 대박 상품 반열에 올랐다. 이 제품은 생크림을 빵 시트로 감싼 것이 특징인데 출시 이후 6개월 만에 300만 개가 팔리는 기염을 토하고 있다.

이마트24는 업계 최초로 바리스타가 있는 편의점을 오픈했다. 이를 필두로 현재는 약 30여 곳으로 늘었다. 이 같은 카페형 편의점이 확정되는 이유는 수익성 때문이다. 일반적인 편의점은 고객 1명이 편의점에 머무는 시간이 채 1분도 되지 않기 때문에 카페형 편의점으로 전환함으로써 머무는 시간을 늘려 매출 증대로 유도하겠다는 전략이다.

2. 주가 상승과 하락 요인

☀ **주가 상승 요인** : 1인 가구 증가, 담배가격 인상, 새 전자담배들의 출시 → 편의점 관련주들은 담배와 관련된 이슈가 생길 때마다 민감하게 반응하는 경향이 있다. 일례로 BGF리테일의 경우 2015년 담배가격 인상과 2017년 전자담배가 새롭게 등장했을 때 PER가 약 24배를 넘었다.

☂ **주가 하락 요인** : 정부의 최저임금 인상(인건비 상승→비용 증대

→수익성 악화), 내수 경기 부진, 긴 장마, 팬데믹(코로나19)

편의점의 또 다른 위협 요소

최근 점주들은 영업시간에 대해서도 규제를 요구하고 있다. 법으로 편의점의 24시간 영업을 강제하지 못하게 해달라는 것이다. 아울러 명절과 공휴일에도 자율적으로 문을 닫을 수 있기를 원한다.

이유는 가파르게 오르고 있는 최저임금 인상 때문이다. 매출은 별로 달라진 것이 없는데 최저임금 인상으로 직원들 인건비는 계속 올라 수지타산이 안 맞는다는 주장이다. 하지만 애초 편의점이 한국에 상륙했을 때부터 타 유통채널과 차별화로 내세운 것이 24시간, 연중무휴 영업이었다. 이것이 깨지면 경쟁력에 심각한 타격이 온다는 게 업계의 우려이다.

각 편의점 본사들이 속해 있는 단체 : 한국편의점산업협회
편의점 관련 법안 : 가맹사업법, 가맹진흥법, 대리점법

3. 관련 기업

GS리테일, BGF리테일 등

골판지 업종

1. 골판지 업종의 맥

골판지는 택배용 상자를 만들거나 라면용 상자를 만드는 데 쓰이는 용지를 말한다. 상자 외면인 표면지와 내면인 이면지 사이에 파도 모양의 골심지를 넣어 제작한다. 이에 따라 골판지 원지를 생산하는 회사, 표면지·이면지·골심지를 만드는 회사, 이 세 가지 종이를 합쳐 상자를 만드는 회사가 있다.

아세아제지, 대양제지, 태림페이퍼 등은 표면지·이면지·골심지를 만드는 회사이다. 태림포장, 한국수출포장공업, 삼보판지 등은 3가지 종이를 합쳐 상자를 만드는 회사이다.

중요 지표

• 폐골판지(원재료) 가격

폐골판지 가격이 하락하면 영업이익이 뜀박질하는 구조다.

• 폐지(원재료) 가격

중국이 폐골판지와 폐신문지 등 폐지 수입을 금지하면서 국내에 폐지가 넘쳐나 폐지가격이 폭락해 국내 골판지 관련 기업들이 함박웃음을 짓고 있다.

2. 주가 상승과 하락 요인

☀ **주가 상승 요인** : 폐골판지 가격 급락, 전자상거래량 급증(택배용 상자 수요 급증→매출액 증대. 한국통합물류협회에 따르면 2018년 국내 온라인 쇼핑 거래액은 110조를 넘어섰다. 이에 따라 국내 택배 시장 물동량은 2018년도에 25억 4,270만 박스를 기록했다), 폐지가격 하락, 골판지 가격 상승

중국의 혼합폐지 수입 금지

중국에서 수입하지 않으면 가격은 폭락한다. 중국은 우리나라 폐골판지 최대 수출국으로 2017년 전체 수출에서 49%의 비중을 차지했다. 중국이 환경보호를 이유로 2017년 7월 혼합폐지 수입을 금지하고, 2018년 초부터는 골판지 폐지 관련 환경기준을 높여 수입을 제한하고 있다.

한국환경공단에 따르면 수도권 폐골판지 가격은 2013년 1톤당 평균 10만 5,000원에서 8만 원 대로 떨어진 후 2017년에는 13만 원까지 올랐다. 그러나 2018년 3월부터는 9만 원, 10월에는 74,000원까지 떨어졌다.

☂**주가 하락 요인** : 폐골판지 가격 급등, 폐지가격 상승, 골판지 가격 하락

▶**Q&A**

Q : 골판지 원지란?

A : 골판지 제작에 사용되는 표면지(겉지)와 속지, 겉지와 속지 사이에 들어가는 구불구불한 골심지 등을 만드는 데 사용되는 재료다. 골판지 원지 수급에 이상이 생기면 골판지 가격 인상, 소비자의 택배 요금 인상 등으로 이어진다. 수출용 제품 상자 제작에도 차질이 생긴다. 수출 비용과 물류비 인상이 일어날 수 있다.

3. 관련 기업

• 표면지·이면지·골심지를 만드는 회사 : 아세아제지, 태림페이퍼, 대양제지(연간 국내 골판지 원지 공급량의 7% 이상을 담당한다)

• 표면지·이면지·골심지 세 가지 종이를 합쳐 상자를 만드는 회사 : 한국수출포장공업, 태림포장, 삼보판지

• 영풍제지 : 골판지 원지, 화학섬유 필름 등을 감는 데 사용하는 종이판 원지 생산

• 전주페이퍼 : 신문용지 생산, 골판지 사업에도 진출

• 한솔제지

통신 업종

1. 통신 업종의 맥

정부 정책에 매우 민감한 업종이다. 정권이 바뀌면 요금 인하 압력을 받기도 한다. 대신 환율이나 원자재 가격 변동 등의 영향을 덜 받는 경기방어주의 성격을 지니고 있다. 고배당주로 증시가 안 좋을 때와 연말이 가까워질 때 주목받는다. 정부의 규제를 많이 받는 규제 산업이다.

중요 지표는 무선가입자당 평균 매출ARPU이다. 요즘은 통신사의 탈 통신 추세로 종합정보통신기술 업체를 지향한다.

사업 부문
① 무선(휴대폰)
② 유선

③ 미디어(IPTV, 옥수수 등등)

④ 물리보안(SK텔레콤의 ADT캡스 인수)

⑤ 정보보안

2. 주가 상승과 하락 요인

☀ **주가 상승 요인** : 무선 사업 부문의 호재, 무선가입자당 평균 매출 증가, 5세대[5G] 이동통신 상용화(4세대 이동통신인 LTE가 도입되었을 때도 가입자당 평균 매출이 급증해 통신사들의 이익이 급증했다).

☂ **주가 하락 요인** : 무선 사업 부문의 악재, 선택 약정 할인 가입자 증가(보조금 대신 월 통신요금에서 매월 25%를 할인해주는 선택 약정 할인)와 할인율 상승, 정부의 가계통신비 인하 정책, 취약계층 요금 감면율 상승

▶Q&A

Q : 통신사의 탈 통신화란?

A : 통신 서비스 사업 외에 다른 산업과의 융합을 매개로 한 소위 산업생산성증대[IPE] 사업에 주력하는 것을 말한다. 예를 들어 SK텔레콤이 모빌리티 사업부를 물적분할하여 T맵모빌리티를 세운다. 그리고 T맵모빌리티는 글로벌 모빌리티기업인 우버와 동맹을 맺고 기술 플랫폼을 공유하기로 했다. 이에 따라 우버는 T맵모빌리티

와 내년 출범 예정인 조인트벤처에 1억 5,000만 달러를 투자한다.

T맵모빌리티의 자산은 모바일 내비인 T맵과 등록기사 20만여 명, 월 이용자 75만여 명인 택시호출 서비스 T맵택시다. 이를 바탕으로 T맵모빌리티는 주요 4개 사업 분야를 둘 예정이다.

T맵 플랫폼

T맵을 활용한 소비자 대상 서비스다. 주차장 탐색→이동→결제까지 한 번에 할 수 있는 주차 서비스가 대표적 서비스다.

T맵 오토

차량용 인포테인먼트 서비스다. 음성인식 AI 플랫폼 누구와 음원 서비스 플로, 결제 서비스 SK페이 등 SK텔레콤과 ICT 자회사의 콘텐츠를 통합 제공한다. SK텔레콤은 이미 BMW, 볼보, 재규어 등 자동차 제작사에 이미 차량용 인포테인먼트 서비스를 공급했다.

모빌리티 온 디맨드

택시와 대리운전 호출 서비스를 제공한다. 이 분야는 우버와 협력해 대대적으로 키울 예정이다.

모빌리티 구독형 서비스

차량공유, 렌터카, 전기자전거, 킥보드, 주차 등을 아우르는 올인

원 모빌리티 서비스다. 다양한 교통 서비스를 한 번에 이용할 수 있는 구독형 모델을 출시해 이동 관련 서비스를 필요할 때마다 이용할 수 있다.

이외에 장기적으로는 플라잉카 등 미래 모빌리티 시장을 선점한다는 계획이다. 플라잉카 내비게이션과 높은 고도의 지형, 지물을 고려한 3차원 고화질 지도, 플라잉카를 위한 지능형 항공 교통관제 시스템 등을 개발한다.

3. 관련 기업

SK텔레콤, KT, LG유플러스

철강 업종

1. 철강 업종의 맥

전방산업 즉, 철강 수요 산업이 중요하다. 건설산업, 자동차산업, 조선산업이 호황이어야 철강산업도 호황이다. 건설산업 호황 여부를 판단하는 지표는 한국건설산업연구원의 건설기업경기 실사지수가 100 이하면 현재 건설경기 상황을 비관적으로 보는 기업이 많다는 의미이다.

2. 주가 상승과 하락 요인

☀ **주가 상승 요인** : 건설경기 호황, 조선경기 호황, 자동차산업 호황, 철광석 가격 상승(포스코, 현대제철 같은 고로를 소유한 대형 철강업체들은 열연강판 등 반재료 제품에 상승분을 반영할 수 있기 때문이다), 철강 판매가격 상승, 중국 위안화 강세, 세계 철강 생산량의 절

반을 차지하는 중국 정부의 감산 정책 시행, 자동차 생산량 폭증,
SOC 투자 확대(교량 등 토목 분야 투자 확대)

☂ **주가 하락 요인** : 경기 둔화, 미국의 관세 폭탄, 철광석 가격 인
상(고로가 없는 중소형 철강사들은 포스코 같은 대형 철강사들로부터 열
연강판 같은 반재료 제품을 구매해 아연 도금 강판 같은 제품을 만들어 판
매한다. 이때 원재료 가격 상승분을 제품 판매가에 반영하는데 한계가 있
기에 그렇다), 중국 시장 철강 수요 둔화, 철강 가격 하락, 전방산업
인 자동차, 조선, 건설산업의 침체, 산업용 전기요금 인상으로 인한
비용 상승(고철 등을 전기로 녹여 쇳물을 생산하는 전기로를 보유한 현대
제철은 2017년 전기요금으로만 1조 1,300억을 썼다. 같은 해 현대제철 영
업이익 1조 3,600억의 약 82%에 달한다), 정부의 강력한 부동산 규제
정책(건설경기 침체→철근 등 수요 감소)

최근 철강사 트렌드

철강 사업을 고도화하면서도 2차전지 소재 등 미래 신사업에 역
량을 집중해 수익원을 다변화해 위기극복에 나서고 있다. 포스코
는 2차전지 분야 시너지 효과를 위해 음극재 기업인 포스코켐텍과
양극재 업체인 포스코 ESM 합병을 결정했다. 포스코는 2차전지 분
야에서 2030년까지 세계 시장 점유율 20%, 매출액 17조 규모 사업
으로 키운다는 구상이다.

아울러 포스코는 에너지와 인프라스트럭처사업에 9조를 투자하기로 했다. 청정화력발전을 건설하고 태양광 등 친환경 에너지 사업을 추진한다. LNG저장시설을 확대하며 미얀마 가스전 시설도 확장한다.

3. 관련 기업

포스코, 현대제철, 동국제강, 휴스틸(강관업체), 세아제강(강관업체)

반도체 업종

1. 반도체 업종의 맥

경기 사이클이 존재하는 산업으로 공급이 가격을 결정하는 구조이다. 경기상황에 따라 이익의 변동성이 확대되며 전방 산업이 존재한다. 아이폰이라는 거대한 신규 수요처가 나타나는 바람에 메모리 반도체는 호황이었으나 최근 아이폰 판매량이 부진하자 애플은 생산량을 축소했다. 따라서 모바일 D램 수요도 꺾였다. 삼성전자나 화웨이 같은 다른 스마트폰 업체들의 판매량이 증가하면 상관없겠으나 타 스마트폰 제작업체들도 판매량이 감소하는 추세다. 기술 혁신 부재로 인한 스마트폰 교체 주기가 길어지고 있기 때문이다.

반도체 전방 산업

① IDC

② IT 제품(스마트폰 등)

③ 전기자동차

④ 5G 이동통신

⑤ 인공지능

⑥ 콘솔 게임기

⑦ OTT 산업

반도체 업계의 치킨게임

• 1차 : 2007년

① 대만 D램 기업들이 촉발시킴

② 세계 2위 독일의 반도체 기업 키몬다가 파산함

• 2차 : 2010년

① 세계 3위인 일본 반도체 기업 엘피다가 파산함

② 이후 미국 반도체 기업 마이크론이 엘피다를 인수함

치킨게임이 다시 일어나기에는 진입장벽이 너무 높아졌다. 최신 반도체 플랜트를 짓는데 10조가 필요하고 연간 감가상각비가 20%인 2조나 된다. 시작하자마자 연 매출이 10조 이상 나오고 40%에 가까운 이익률을 보여야 재투자 여력이 생기는데 신규 진입자는 이런 수익 창출이 사실상 불가능하다.

비수기 : 1분기와 4분기(제조 및 유통업체에 재고가 쌓이는 계절적 비수기임)

중요 지표

① D램 고정거래 가격 : 전체 D램의 90% 이상이 이 가격으로 거래된다. D램은 삼성전자와 SK하이닉스 실적에 가장 큰 영향을 미친다.

② 반도체 경기의 선행지수인 '북미 반도체 장비 출하액 증가율'

응용처별 D램 비중(2018년 6월 기준, 자료제공 IHS마킷)

① 모바일 : 33.7 %

② 서버 : 27.5 %

③ PC : 20.3 %

④ 컨슈머 : 6.5 %

▶Q&A

Q : 고정거래가격이란?

A : 메모리 생산업체가 대형 거래처에 대규모로 제품을 공급할 때 매기는 가격을 말한다.

Q : 현물가격이란?

A : 전자상가나 중소 제조업체가 소량을 주문할 때 기준이 되는 가격이다. 상황에 따라 가격이 매일 바뀐다. 현물 거래 가격이 고정 거래 가격의 선행 지표 역할을 할 때가 많다. 현물가격이 하락하면 시차를 두고 고정가격에도 영향을 미친다.

제품의 종류

• 메모리 분야

① 서버용 D램

② PC용 D램

③ 낸드플래시 : SSD와 모바일 기기로 수요가 양분되는데 모바일 비중이 50%에 달한다.

④ 모바일용 D램 : 최대공급자는 삼성전자, SK하이닉스, 마이크론

• 비메모리 분야

연산 처리가 가능한 프로세서(CPU, AP 등) : 최대공급자 = 인텔, 퀄컴, 브로드컴

D램 세계 시장 점유율(2018년 상반기 기준, 자료제공 D램 익스체인지)

① 삼성전자 = 45%,

② SK하이닉스 = 28%,

③ 마이크론 = 23%,

④ 기타 = 5%

D램 가격 변동 추이(8기가비트 DDR4 D램 고정거래가 기준, 자료제공
D램 익스체인지)

① 2016년 6월 = 2.94 달러

② 2017년 1월 = 5.69 달러

③ 2018년 1월 = 7.94 달러

④ 2018년 4월 = 8.19 달러

⑤ 2018년 9월 = 8.19 달러

⑥ 2018년 10월 = 7.31 달러

반도체 업계가 촉각을 세우는 것은 중국 반도체의 도전이다. 칭화유니그룹의 자회사인 YMTC는 최근 미국 실리콘 밸리에서 3D 낸드플래시 양산 기술을 공개했다. 중국 기업이 글로벌시장에 내놓은 첫 번째 메모리 반도체다.

비메모리 시장은 메모리 시장과 달리 퀄컴, 인텔, 엔비디아 등 분야별로 강자들이 버티고 있다. 반면 메모리 시장은 오랜 치킨게임 끝에 살아남은 삼성전자, SK하이닉스, 마이크론 3사가 과점형태를 띄고 있다. 비메모리 반도체는 수율이 중요한 메모리 반도체와 달리 소프트웨어 산업에 더 가깝다고 봐야 한다. 소프트에 대해 경쟁

력이 없으면 진입하기가 그만큼 어려운 시장이다.

반도체 산업 최근 트렌드

① 총성 없는 전쟁터라고 볼 수 있다. 세계 반도체 기업들은 4
차 산업혁명과 중국의 반도체 굴기에 대응해 합종연횡에 나
서고 있다. 미국 엔비디아가 팹리스 오브 팹리스 기업인 ARM
을 인수하고 AMD는 특수 반도체 제조 기업 자일링스를 인수
해 인텔을 위협하고 있다. 이 와중에 SK하이닉스는 인텔의 낸
드 플래시 메모리 사업부를 무려 10조에 인수하는 등 반도체
시장은 급격한 폭풍 속으로 휘말려 들고 있다.

② 한 세대 간 반도체 시장을 주름잡았던 업체들은 반도체 설계
부터 생산까지 모든 사업영역에 관여하는 종합 반도체 기업
이었다. 그러나 최근 들어 변하고 있다. 반도체 설계에 특화된
팹리스 업체와 팹리스의 주문을 받아 맞춤식 생산을 전문으
로 하는 파운드리 업체들이 주목을 받으며 시장의 판이 변하
고 있다. 중국 반도체 기업의 부상 또한 눈에 띄는 점이다.

주요 반도체 업체 시가 총액(2020년 7월 기준)

① TSMC : 457조 1,248억

② 삼성전자 : 390조 5,622억

③ 엔비디아 : 306조 6,441억

④ 인텔 : 251WH 352억

⑤ 퀄컴 : 124조 7,293억

⑥ AMD : 96조 6,209억

낸드 플래시 메모리 반도체 현황

삼성전자가 1위(시장 점유율 36%)이다. 그 뒤를 기옥시아, 웨스턴 디지털, 마이크론, SK하이닉스, 마이크론이 맹추격 중이다.

2. 주가 상승과 하락 요인

☀️ **주가 상승 요인** : 저유가(원재료 비용 감소), 신규 CPU 플랫폼 출시로 인한 D램 수요 증가, D램 가격 상승, 빅테크 기업들의 서버 증설(서버용 메모리 수요 증가), 재택근무, 온라인 교육, OTT 이용의 증가로 인한 클라우드 및 서버 수요 증가, 스마트폰 판매 증가에 따른 모바일 메모리 반도체 수요 폭증, X박스 등 콘솔 게임기 판매 증가, 사물인터넷 확산, 고성능 컴퓨팅[HTC]

☂️ **주가 하락 요인** : 미국과 중국 간 무역분쟁 등 여파로 중국 IT 업체들의 메모리 반도체 수요 감소 등

3. 관련 기업

삼성전자, SK하이닉스(전체 매출의 50%가 중국에서 나온다), 마이크론, 엔비디아, 인텔, AMD, 브로드컴, 기옥시아, 웨스턴 디지탈

▶ **Q&A**

Q : 메모리 시세를 알 수 있는 사이트는?

A : D램 익스체인지(https://www.dramexchange.com)